욕쟁이 요리 선생님
당근정말시러의

맛보장
반찬
특강

욕쟁이 요리 선생님
당근정말시러의
맛 보장 반찬 특강

초판 1쇄 발행	2019년 10월 15일

지은이	당근정말시러
책임편집	홍성희
진행	남은영

디자인	ALL design group(02-776-9862)

펴낸곳	빛날; 희
출판등록	2015년 10월 26일, 제 2016-000082호
내용·구입 문의	youcoffee@gmail.com
ISBN	979-11-956555-7-1 13590

욕쟁이 요리 선생님
당근정말시러의

맛보장
반찬
특강

당근정말시러 지음

빛날
;희

"가족 사랑은 밥상에서 나온다."
저의 지론입니다.
어릴 적 할머니와 엄마의 어깨너머로
배운 요리를 요리조리 응용해 만들 때마다
언제나 가족들은 맛나게 먹어 주었지요.
정성껏 차린 음식은 가족들에게 힘을 주었고
식탁엔 늘 웃음이 떠나지 않았습니다.

'오늘은 뭘 해 먹을까?'
고민하는 여러분을 위해 그간 시행착오를 거쳐 완성한
제일 맛있는 반찬 레시피를 공개합니다.
일상 반찬에서 간단 반찬, 특별한 반찬, 밑반찬까지
모두 담았으니 반찬에 대한 고민을 싹 날릴 수 있기를 바랍니다.
오늘 하루도 애쓴 가족들에게 따뜻한 한 끼를 선물하세요!

당근정말시러 드림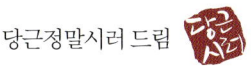

CONTENTS

PART 02

쉽고 빠르게! 맛 보장 간단 반찬

PART 03

인기쟁이 밥도둑! 맛 보장 밑반찬

PART 04

요리인 듯 반찬인 듯! 맛 보장 스페셜 반찬

당근정말시러의
맛 보장 반찬 준비하기

요리 맛의 한 끗 차이를 만드는 것이 바로 양념장이에요. 간이 똑 떨어지고 감칠맛 나는 요리를 만들어 줄 맛 보장 양념장을 소개합니다. 요리의 기본인 계량하고 재료 써는 방법도 알려드릴게요.

SPECIAL SOURCE

맛 보장 양념장

저염간장

갈비찜, 생선조림, 두부조림, 나물무침, 장아찌, 샐러드드레싱 등에 넣으면
기본 이상의 맛이 나요. 짜지도 싱겁지도 않은 똑~ 떨어지는 간이 매력이랍니다.

INGREDIENT

- □ 양조간장 1컵
- □ 미림 1컵

- □ 검지 손가락 한마디 길이 정도의
  두꺼운 다시마 2조각

- □ 구기자 10~15알

HOW TO MAKE

유리병에 양조간장과 미림을 1컵
씩 부어요. 계량컵, 머그컵, 밥공기
상관없어요. 양조간장과 미림의
1:1 비율만 지켜 주세요.

구기자, 다시마를 넣어 줍니다.

✛ 다시마는 나중에도 건져 내지 않습니다. 너
무 많이 넣지 말고 딱 2조각만 넣어 주세요.

> 냉장 보관하면
> 오랫동안(2~3년)
> 먹을 수 있어요.

냉장고에서 2~3일간 숙성시켜 사
용합니다.

구기자

구기자는 단맛이 특징이며, 수확철인 가을로
갈수록 단맛이 많이 납니다. 해외에서는 '고지
베리'라고 불리며 마돈나 등 할리우드 스타들
의 동안 비결로 주목받기도 했습니다. 구기자
는 말려서 먹는 것이 일반적으로, 말린 구기자
를 구입해서 냉동 보관하면 됩니다.

✛ 구입 · 청양구기지 www.gugijamall.com

✛ 해외에서는 아마존에서 Goji Berries(고지 베리)로 검색하거나 중국 마트에서 구할 수 있다고
합니다.

생강술

편으로 썬 생강으로 생강술을 만들면 생강 향이 은은하게 나는 맑고 깨끗한
생강술을 맛볼 수 있답니다. 고기요리할 때 잡내를 잡는 데 아주 효과적이에요.

INGREDIENT

□ 생강과 청주를 3:7 비율로 준비하세요.

HOW TO MAKE

1

생강은 껍질을 벗겨 편으로 썰어
줍니다.

2

유리병에 생강을 1/3 정도 채우고
청주를 가득 부어 줍니다. 그럼 생
강과 청주의 비율이 3:7이 됩니다.

✚ 생강을 믹서에 갈아서 생강술을 만들면 생
강에서 하얀 전분이 많이 생겨요. 그 전분에서
쓴맛과 텁텁한 맛이 나요.

3

냉장고에서 2~3일간 숙성시켜 사
용합니다.

생강은 건져 내지 않고
사용해요.

당신정말시러의 맛 보장 반찬 특강

마늘기름

음식의 완성도를 높여 주는 마늘기름.
볶음요리에 자주 사용하는데 정말 맛있어요.

INGREDIENT

☐ 페페론치노(이탈리아 건고추) 10개
☐ 통마늘 10톨

☐ 오일 넉넉히(올리브오일을 제외하고 모두 가능해요.)

HOW TO MAKE

마늘은 살짝 두껍게 편으로 썰고, 페페론치노는 가위로 잘게 잘라 줍니다.

✚ 페페론치노를 넣으면 맵싸하고 알싸하니 좋아요. 많이 맵지는 않지만 어린아이가 있는 집은 빼고 해도 상관없습니다.

유리병에 마늘과 페페론치노를 넣고 오일을 넉넉히 부어 줍니다. 마늘+페페론치노의 비율이 4라면 오일은 6 정도 채워 주세요.

✚ 저는 800ml 용기를 사용했어요.

마늘기름은 시간이 지나면서 수분이 나옵니다. 살짝 시큼한 냄새가 나는데 볶을 때 없어지니 걱정하지 마세요. 냉장 보관하세요. 욕심껏 많이 만들지 말고 가능하면 마늘 10톨씩 만들어 드세요.

백령도 까나리액젓

백령도 까나리액젓은 시중 마트에서 팔지 않아요. 마트에서 판매하는 다른 까나리액젓보다 염도가 낮고 감칠맛이 좋으며 냄새가 기의 나지 않아요.

✚ 구입 : 백령몰 www.baekryongmall.com

레몬소금

레몬소금을 한 숟가락 넣으면 음식 맛이 50배는 달라져요.
샐러드드레싱, 고기요리 등에 이용해요.

INGREDIENT

☐ 레몬 1개　　　　　☐ 설탕 2작은술　　　　　☐ 천일염 1작은술

HOW TO MAKE

욕심 부리지 말고 레몬 1개로 시작
하세요.

✚ 레몬은 봉지에 담겨 있는 것 말고 낱개로 있
는 것을 구입하세요. 봉지에 담겨 있는 레몬은
날짜가 촉박한 것들을 묶어서 판매하는 경우
가 많아요. 레몬은 손가락으로 눌렀을 때 말랑
말랑하고 레몬즙이 빵빵하게 차 있는 무거운
게 좋아요.

레몬을 끓는 물에 2~3초 데치면
레몬 껍질이 소독되고 레몬즙도
잘 나와요. 아주 살짝 데쳐서 찬물
에 빡빡 씻어 줍니다.

레몬은 4등분으로 잘라 부채꼴 모
양으로 최대한 얄팍하게 썰어 줍
니다. 얄팍하게 썰어야 레몬에서
즙이 많이 나옵니다.

볼에 3번의 레몬, 설탕, 천일염을
넣고 여러 번 뒤적여 주고, 설탕과
소금이 잘 녹도록 1시간 정도 그대
로 둡니다.

✚ 좀 간간한 간을 원하면 천일염 1작은술이
아니라 1/2큰술을 넣으세요.

유리병에 4번의 레몬을 넣고 즙이
살짝 나오도록 숟가락이나 작은
국자로 살포시 눌러 주세요. 냉장
고에서 일주일간 숙성시켜 사용하
세요.

✚ 저는 3일 후부터 먹어도 괜찮더라고요.

볶음 소고기

소고기는 냉동 보관했다 해동하는 동시에 핏물과 잡내가 날 수 있어요.
소고기를 볶아서 냉동 보관하면 해동할 때 잡내나 누린내가 절대로 나지 않고,
맛도 그대로랍니다. 직장 다니는 주부님들은 주말에 준비해 두었다가
평일에 국이나 반찬을 만들 때 사용하세요.

INGREDIENT

☐ 소고기 다짐육 1팩(250g)　　　　☐ 생강술(또는 청주) 3큰술　　　　☐ 참기름 2큰술

HOW TO MAKE

달구어진 팬에 소고기, 생강술, 참기름을 넣고 수분이 거의 없어질 때까지 보슬보슬하게 볶아 줍니다.

1번의 소고기를 보관용기에 3큰술씩 담아 냉동 보관하세요. 요리하기 1시간 전에 꺼내 놓거나, 시간이 없을 때는 뜨거운 물에 중탕으로 담가 두면 10여 분 안에 해동됩니다.

멸치육수

제 요리에서 멸치 머리는 육수의 맛을 좌우하는 큰 역할을 해요.
중요한 손님을 초대했을 때 멸치 다시백 2개와 다시마를 넉넉히 넣어
간단하고 깔끔하게 육수를 만들어 냅니다.

1. 진한 국물용 멸치육수(된장찌개, 순두부찌개, 고추장찌개 등)

INGREDIENT

□ 물 12컵(2400ml)
□ 국물용 멸치 크게 2줌
□ 디포리(밴댕이) 10마리
□ 자연산 돌다시마 5조각(4×5cm)
□ 황태 대가리 2개(없으면 생략)

HOW TO MAKE

국물용 멸치는 크게 2줌을 사용하
겠습니다. 크게 1줌에 15~18마리
정도 잡히네요.

✚ 국물용 멸치 구입처 : www.hepung.com

진한 국물의 국이나 칼칼한 찌개
용 멸치육수를 끓일 때 디포리(밴
댕이) 10마리를 넣으면 진하고 달
큼한 감칠맛이 국물 맛을 업그레
이드시켜 줄 거예요.

백령도 자연산 돌다시마입니다. 자
연산 돌다시마는 아주 두껍고 양
식보다 감칠맛이 4~5배는 진해요.
다시마는 4×5cm 크기의 5조각을
넣어 줍니다.

✚ 다시마 구입처 : www.baekryongmall.
com

생선이나 고기의 뼈를 넣으면 국물
맛이 시원하면서 묵직하고 깊어집
니다. 저는 황태를 애용해서 항상
황태 대가리가 있습니다. 황태 대
가리를 멸치와 같이 사용해 시원하
고 깊은 맛을 보태 줍니다. 욕심내
지 말고 딱 2개만 사용합니다.

✚ 육수용 황태 대가리만 팔기도 합니다. 구입
처 : www.ilhohwangtae.com

무겁고 두께 감이 있는 냄비를 준
비하고 앞으로 육수를 낼 때는
이 냄비만 사용합니다. 물 12컵
(2400ml)을 부었을 때 어느 정도
양인지 기억해 두면 다음부터 계
량하지 않아도 됩니다. 처음이니까
200ml 계량컵으로 12컵을 냄비에
부어 줍니다.

물이 끓으면 준비한 재료들을 넣어 줍니다. 센불에서 끓이면 넘칠 수 있으니 중불로 줄이고 2~3분만 끓여 줍니다. 끓는 동안 멸치, 황태, 다시마의 비릿한 풍미가 공기 중으로 다 날아갈 겁니다.

2~3분 후 불을 끄고 뚜껑을 닫아 줍니다. 육수는 오래 끓여야 한다는 편견은 버리세요. 1시간 후 뚜껑을 열어 육수 맛을 보세요. 깔끔하고, 멸치 내장의 잡맛이 없으며 감칠맛이 끝내줄 거예요.

✚ 더 완성도가 높은 육수를 맛보려면 저처럼 하세요. 저는 보통 밤 10시쯤 육수를 끓인 후 다음 날 아침에 체에 밭쳐 육수만 걸러 냅니다. 그럼 텁텁하지 않고 맛있는 감칠맛만 쏙 빠져 나와 육수 맛이 정말 끝내줍니다.

2. 맑은 국물용 멸치육수(콩나물국, 달걀국, 미역국, 황태국 등)

INGREDIENT

☐ 물 12컵(2400ml)
☐ 국물용 멸치 크게 2줌

☐ 자연산 돌다시마 5조각(4×5cm)
☐ 황태 대가리 2개

HOW TO MAKE

콩나물국 등 맑은 국물용 육수를 만들 재료입니다. 국물용 멸치 크게 2줌, 자연산 돌디시마 5조가(4×5cm), 황태 대가리 2개를 준비합니다.

냄비에 물 12컵(2400ml)을 붓고 끓여 줍니다. 물이 끓으면 1번의 재료들을 넣은 후 중불로 줄이고 2~3분만 끓여 줍니다.

2~3분 후 불을 끄고 뚜껑을 닫아 줍니다. 1시간 후 뚜껑을 열어 육수 맛을 보세요. 깔끔하고, 멸치 내장의 잡맛이 없으며 감칠맛이 끝내줄 거예요.

만능초장

너무 강하지도 너무 시큼하지도 너무 짜지도 않은 만능초장이에요.
한번 만들어 두면 나물 무침, 비빔면 등 여기저기 요긴하게 쓰인답니다.
후다닥 요리를 만들 수 있게 도와주지요.

INGREDIENT

A의 단촛물

☐ 양조식초 5큰술

☐ 미림 2큰술

☐ 설탕 듬뿍 2큰술

B의 초장 양념

☐ 고추장 듬뿍 5큰술

☐ 조청 듬뿍 2큰술

☐ 꿀 듬뿍 1큰술

☐ 양조식초 3큰술

☐ 고춧가루 2큰술(고추장이 묽으면 3큰술)

☐ 저염간장 2큰술

✚ 오래 두고 먹는 숙성 양념장에는 생강과 다진 마늘을 넣지 않아요.

HOW TO MAKE

1
내열 볼에 양조식초 5큰술, 미림 2큰술, 설탕 듬뿍 2큰술을 넣고 랩을 씌우지 않은 채 전자레인지에서 1분 정도 돌려서 A의 단촛물을 만듭니다.

2
전자레인지에서 꺼내면 설탕이 밑에 깔려 딱딱하게 굳어 있을 겁니다. 그러면 숟가락으로 잘 저어 줍니다.

3
찬물에 중탕으로 담가 한 김 식힙니다.

4

3번의 볼에 고추장 듬뿍 5큰술, 조청 듬뿍 2큰술, 꿀 듬뿍 1큰술, 양조식초 3큰술, 고춧가루 2큰술, 저염간장 2큰술을 넣고 고루 저어 줍니다.

✚ 사진처럼 주르르 흐르는 묽은 스타일의 초장이 됩니다.

5

4번의 초장을 냉장고에서 2~3일 숙성시킨 후 먹습니다.

6

이틀 후 냉장고에서 꺼낸 초장을 보면 주르르 흐르던 묽은 초장이 되직한 농도로 숙성이 잘 되었습니다.

만능초장으로 만든 요리

쑥갓, 쪽파, 미나리, 참나물, 시금치, 부추 등 나물을 무칠 때 만능초장을 이용해 보세요. 물을 팔팔 끓였다가 불을 끈 후 나물을 넣고 앞뒤로 20초 정도 뒀다가 꺼냅니다. 물기를 꼭 짜서 초장을 넣고 조물조물 무치기만 하면 끝이에요. 참기름과 다진 마늘만 추가하면 맛있는 나물 반찬이 뚝딱 만들어집니다.

중면이니 쫄면 1인분을 삶아 초장 2~3큰술, 오이채, 참기름 조금 넣고 쓱쓱 비비면 순식간에 맛깔스러운 비빔면이 완성됩니다. 오징어를 데쳐서 넣으면 더욱 꿀맛이지요.

맛 보장 계량법

저는 계량 숟가락을 사용하지 않고 매일 먹는 밥숟가락으로 계량해요.
한식은 숟가락 크기보다 '비율'이 중요해요.

장류, 액체류, 가루류 계량하기

집에 있는 밥숟가락 3종류를 꺼내 보았어요. 디자인,
소재, 두께는 다르지만 한 숟가락으로 뜰 수 있는 부피
와 크기는 크게 다르지 않아요. 3개의 숟가락 중 제가
레시피에 사용하는 것은 가운데 있는, 일명 진공숟가
락으로 불리며 식당에서 많이 사용하는 아주 가벼운
숟가락이에요. 1큰술은 집에서 사용하는 밥숟가락으
로, 1작은술은 티스푼으로 계량해요.

1큰술

어른 밥숟가락을 사용해요.

찹쌀가루 **듬뿍 떠서** 1큰술

찹쌀가루 **적당히 떠서** 1큰술

고추장 **듬뿍 떠서** 1큰술

듬뿍 떠서 1큰술을 그릇 가장자리로 깎아내면 **적당히 떠서** 1큰술

1작은술

티스푼을 사용해요.

저는 4×3cm 크기의
티스푼을 사용해요.

설탕 **듬뿍 떠서** 1작은술

설탕 **적당히 떠서** 1작은술

1꼬집

주로 소금 간을 할 때 사용하는 단위로 손가락으로 소금을 살짝 집은 정도의 분량이에요.

1컵

마트에서 구입한 계량컵을 사용해요. 1컵은 200ml이고, 계량컵이 없을 땐 종이컵에 가득 채우면 200ml예요.

1꼬집

3꼬집은 1/3작은술 정도

채소나 고기류 계량하기

1줌

고기나 채소 등의 재료를 손으로 한 움큼 쥐었을 때의 양이에요.

마늘종 1줌

부추 1줌

멸치 1줌

맛 보장 반찬을 위한 썰기

재료를 어떻게 썰어야 할지 어려워하는 경우가 많은데 썰기에 너무 예민할 필요는 없어요.
기본 썰기만 알아두면 돼요. 칼질도 하면 할수록 실력이 늘어난답니다.

깍둑썰기

기본 썰기 방법으로, 깍두기에 들어가는 무나 카레라
이스에 넣는 채소를 썰 때 많이 사용해요. 정사각형에
가까운 모양으로 네모지게 썰면 됩니다.

감자 깍둑썰기

채 썰기

비빔밥 재료, 생채, 숙채 등에 들어가는 채소를 썰 때 많이 사용하는 썰기예요.
원하는 크기로 재료를 토막낸 다음 얇게 썰어서 일정한 크기로 채 썰기해요.

마늘 채 썰기

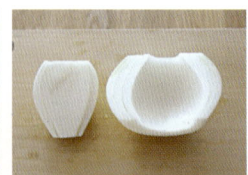

양파 채 썰기

당근정말시러의 맛 보장 반찬 특강

대파 채 썰기

대파의 초록 부분은 한쪽 옆면을 갈라 넓게 펼치고 어슷하게 채 썰어요.

대파의 흰 부분은 파채칼을 이용해 쓱쓱 긁어 주세요.

오이 채 썰기

송송 썰기

대파, 고추 같은 채소를 썰 때 둥근 모양을 살려 써는 것을 말해요.

고추 송송 썰기

대파 송송 썰기

대파 파란 부분 송송 썰기

대파 2~3개를 겹쳐 끼워 넣고 썰면 빠르고 편해요.

어슷 썰기

파, 고추, 오이 등 가늘고 긴 채소를 썰 때 채소를 도마 위에 놓고 칼의 방향을 어슷하게 써는 방법을 말해요.

고추 어슷 썰기　　　　　파 어슷 썰기

반달 썰기

주로 애호박볶음을 할 때나 찌개에 넣을 때 사용하는 썰기예요. 길게 반으로 썬 다음 반달 모양으로 썰어요.

무 반달 썰기

편 썰기

마늘이나 생강을 썰 때 많이 사용하는 방법이에요.
고깃집에서 마늘을 편 썰기 해서 많이 주죠. 얇게 둥근
모양을 살려서 써는 것을 말해요.

마늘 편 썰기

돌려깎기

호박이나 오이의 씨를 제외하고 5cm 내외로 채소를 토
막내어 껍질 부분만 얇게 깎아 내는 것을 말해요.

호박 돌려깎기

다지기

양파, 파, 마늘 등 주로 양념에 들어가는 재료는 다져서
사용할 때가 많아요. 가늘게 채 썰어 작게 조각냅니다.

양파 다지기

PART 01

DAILY SIDE DISHES

매일매일 맛있게!

맛보장 일상 반찬

대부분 기본 무나물을 만들 때 소금에 절이지 않고

바로 팬에 뚜껑을 닫고 볶아서 만들더라고요.

그러면 무의 섬유질이 다 끊어져서 무국처럼

흐물흐물해져 숟가락으로 퍼먹는 나물이 됩니다.

이건 나물이 아니라 국물 없는 무국에 가깝죠.

볶기 전에 절였다가 만들면 젓가락으로 집었을 때

부서지지 않을 정도로 부드럽게 돼요.

갖은 양념이 아닌 정갈한 양념으로 만드는 것이 포인트예요.

기본 무나물
들깨즙무나물

INGREDIENT

1차 무 절임
- [ ] 무 1/2토막(25~28cm 무, 800~850g)
- [ ] 곱게 간 천일염 1/2작은술(2g)

기본 무나물
- [ ] 오일 1큰술
- [ ] 들기름 2큰술
- [ ] 마늘 2톨

- [ ] 백령도 까나리액젓 2큰술
- [ ] 멸치육수 1/2컵(100ml)

A의 들깨즙
- [ ] 멸치육수 1컵(200ml)
- [ ] 들깻가루 듬뿍 2큰술
- [ ] 찹쌀가루 듬뿍 1큰술
- [ ] 백령도 까나리액젓 1작은술

HOW TO MAKE

〔 들깨즙 만들기 〕

1

볼에 멸치육수 1컵(200ml), 들깻가루 듬뿍 2큰술, 찹쌀가루 듬뿍 1큰술, 백령도 까나리액젓 1작은술을 넣고 고루 섞어 A의 들깨즙을 만듭니다.

✚ 거품기로 고루 섞어 잘 풀어 줍니다.

당근정말시려의 맛 보장 반찬 특강

〔 기본 무나물 만들기 〕

큰 무(25~28cm)의 흰 부분으로 1/2토막을 사용합니다.

일반적인 무생채를 만들 때처럼 두께나 크기에 예민할 필요 없이 편하게 채 썰어 줍니다. 채칼을 사용해도 됩니다.

3번의 무채에 곱게 간 천일염 1/2작은술(2g)을 뿌린 후 앞뒤로 가볍게 뒤적입니다. 정확히 5~6분 정도 지나면 무가 나른하게 숨이 죽습니다.

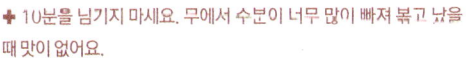

+ 10분을 넘기지 마세요. 무에서 수분이 너무 많이 빠져 볶고 났을 때 맛이 없어요.

6분 후 수분이 꽤 고였고 무도 나른하게 숨이 죽었습니다. 사진처럼 무에서 나온 수분은 버리고 무만 살포시 건져 체에 밭칩니다.

+ 물에 헹구지 말고 무만 건져 냅니다.

통마늘은 얄팍하게 저며 줍니다.

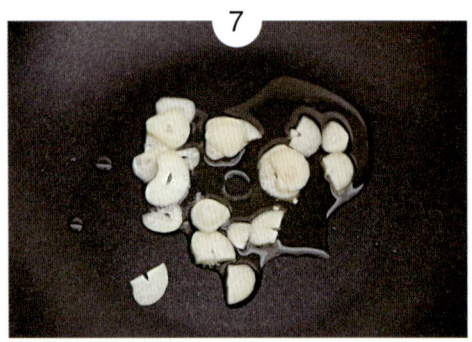

팬에 들기름 2큰술, 오일 1큰술, 저민 마늘을 넣고 불을 켭니다.

팬에 5번의 무를 넣어 센불에서 2~3분간 바짝 볶아줍니다.

2~3분 후 멸치육수 1/2컵(100ml), 백령도 까나리액젓 2큰술을 넣어 줍니다. 불의 세기는 계속 센불입니다.

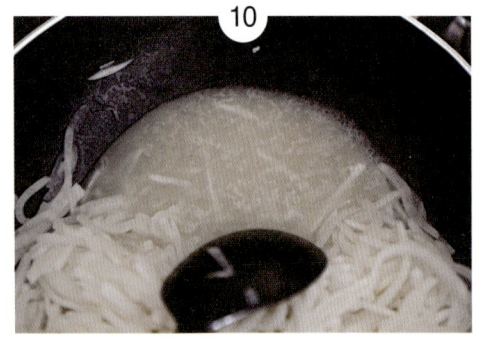

멸치육수가 바글바글 끓기 시작하면 딱 1분만 더 볶은 후 마지막으로 들기름이나 참기름 1큰술을 더 추가합니다. 간을 보고 불을 꺼 줍니다.

〔 들깨즙무나물 만들기 〕

10번 과정에서 불을 끄기 전에 들깨즙을 붓고 조리 듯 볶으면 들깨즙무나물이 됩니다. 멸치육수가 바글 바글 끓기 시작해 1분간 더 볶은 다음 1번의 미리 만 들어 놓은 들깨즙을 다 붓습니다. 센불에서 살살 뒤 적여 줍니다.

✚ 고소한 들깨즙을 좋아한다면 멸치육수를 50~100ml 더 추가해서 만드세요.

✚ 대개 마른 들깨 1~2큰술을 넣고 볶아서 만드는데 마른 들깨는 무 의 수분을 다 빨아먹어서 볶는 과정에서 들깨가 타버려 무나물에서 쓴맛이나 텁텁한 맛이 나기 쉽습니다. 게다가 들깨가 무에 말라비틀 어진 채 들러붙어 맛없어 보입니다.

들깨즙이 바글바글 끓기 시작하면 1~2분 사이에 무 나물이 전체적으로 살짝 걸쭉해집니다.

사진처럼 걸쭉한 농도가 나오면 불을 끄고 간을 봅 니다. 짜지도 싱겁지도 않게 간이 딱 맞을 거예요. 부 드럽고 고소한 들깨의 맛과 향을 즐길 수 있습니다. 뜨거울 때보다 냉장고에 넣었다가 차게 해서 먹는 것이 100배는 더 맛있습니다.

피클처럼 만들어 먹는 하얀 무생채는

샐러드처럼 가볍게 먹을 수 있어요.

시원하고 깔끔한 맛이 그만이에요.

된장찌개나 청국장을 끓여서 밥 비벼 먹을 때는

빨간 무생채가 궁합이 좋지요.

하얀 무생채를 만들어 두면 그때그때

빨간 무생채를 금세 만들 수 있어 간편해요.

식초가 들어가는 양념엔 설탕이 꼭 들어가야 합니다.

식초와 설탕은 바늘과 실 같은 관계랍니다.

두 가지 맛 무생채

☐ 무 1/2토막(25~28cm 무, 800~850g)

☐ 곱게 간 천일염 1/2작은술(2g 정도)

1차 기본 무생채 단촛물

☐ 양조식초 1/2컵(100ml)

☐ 미림 50ml

☐ 백령도 까나리액젓 1큰술

☐ 곱게 간 천일염 1/2작은술(2g 정도)

☐ 설탕 듬뿍 2큰술

2차 빨간 무생채 양념(1차 무생채의 절반)

☐ 양조식초 1작은술

☐ 설탕 듬뿍 1작은술

☐ 백령도 까나리액젓 1작은술

☐ 고춧가루 1작은술

☐ 다진 마늘 1작은술

✚ 식초가 들어가는 생채엔 절대 참기름을 넣으면 안 됩니다.

HOW TO MAKE

〔 기본 무생채 만들기 〕

큰 무(25~28cm)의 흰 부분으로 1/2토막을 사용합니다.

일반적인 무생채를 만들 때처럼 두께나 크기에 예민할 필요 없이 편하게 채 썰어 줍니다. 채칼을 사용해도 됩니다.

무채에 곱게 간 천일염 1/2작은술(2g)을 뿌린 후 앞뒤로 가볍게 뒤적입니다. 정확히 10분 정도 지나면 무가 나른하게 숨이 죽습니다.

볼에 양조식초 1/2컵(100ml), 미림 50ml, 백령도 까
나리액젓 1큰술, 곱게 간 천일염 1/2작은술(2g 정
도), 설탕 듬뿍 2큰술을 넣고 고루 섞어 단촛물을 만
듭니다.

4번에 랩을 느슨하게 씌운 후 공기 구멍을 조금 열어
둡니다. 전자레인지에서 1분간 돌려 1차 기본 무생
채 단촛물을 완성합니다.

✚ 레시피보다 무생채 양을 많이 할 때는 1차 기본 무생채 단촛물의
비율을 2배 혹은 3배로 하여 냄비에 전부 넣고 끓여 주면 됩니다. 양
이 적을 때는 전자레인지를 사용하면 편리해요.

1분 후 전자레인지에서 단촛물을 꺼내면 설탕이 딱
딱하게 굳은 채 덜 녹은 상태일 거예요. 첫 번째 사진
처럼 살살 저어서 녹여 주세요. 두 번째 사진처럼 찬
물에 중탕으로 한 김 식혀 줍니다.

그사이에 10분이 지나 절인 무에서 수분이 꽤 많이 나왔을 거예요. 무에서 나온 수분까지 전부 볼에 부어 줍니다.

✚ 정확히 10분이 지나면 무가 사진처럼 나른해집니다.

7번의 무에 6번의 단촛물을 다 붓고 무가 단촛물에 잠기도록 손등으로 꾹꾹 눌러 준 후 냉장고에 넣습니다. 하루나 이틀 정도 숙성시킵니다.

✚ 단촛물만으로 무가 잠기지는 않을 거예요. 1시간 정도 지나면 무에서 수분이 나오면서 자연스럽게 잠기니까 너무 누르지 않아도 됩니다.

이틀 후 냉장고에서 꺼내면 자극적이지 않으면서 시원하고 깔끔한 기본 무생채 맛이 날 거예요.

✚ 좀 심심하다 싶으면 양조식초 1작은술, 설탕 1작은술, 소금 2~3꼬집을 더 추가해 보세요.

당근정말시러의 맛 보장 반찬 특강

〔 빨간 무생채 만들기 〕

9번의 기본 무생채의 절반만 건져 볼에 담습니다.

10번에 양조식초 1작은술, 설탕 듬뿍 1작은술, 백령
도 까나리액젓 1작은술, 고춧가루 1작은술, 다진 마
늘 1작은술을 넣고 조물조물 무칩니다.

✚ 기본 무생채의 절반을 덜이 고춧가루 양념에 무친 후 반찬통에 담
아 먹어도 좋고, 기본 무생채로 즐기다가 그때그때 즉석에서 먹을 만
큼만 빨간 무생채로 만들어 먹어도 좋습니다.

✚ 식초가 늘어가는 '생채'엔 참기름이 절대 들어가면 안 됩니다.

고사리나물

봄철에 고사리를 꺾어 데쳐서 말려 놓으면

사계절 내내 요긴하게 쓸 수 있어요.

산에서 나는 소고기라고 불릴 정도로 영양이 풍부해

자주 식탁에 올리면 좋습니다. 부드럽게 삶기 힘들다면

삶은 고사리를 사다가 간단히 데쳐서 써도 괜찮아요.

고사리나물에 멸치육수와 까나리액젓이 들어간 양념이

쏙 배어 씹을 때마다 깊은 풍미가 느껴져요.

도라지나물

만들어서 바로 먹지 않고 하룻밤 냉장고에 숙성시키면

맛과 식감이 몰라보게 달라집니다. 나물 간이

똑 떨어지게 잘되었다고 칭찬을 듬뿍 받을 거예요.

도라지나물은 조리법은 간단하지만 맛내기가 힘들어요.

맛내기 비결은 하룻밤 숙성에 있습니다.

그리고 도라지의 쓴맛을 70% 정도 빼 줘야 한다는 것.

접시에 정갈하게 담아내면 군침이 절로 돌아요.

종갓집 고사리나물
종갓집 도라지나물

고사리나물

INGREDIENT

□ 손질된 고사리 200g

□ 식용유 1큰술

□ 들기름 1큰술

✚ 시판하는 삶은 고사리예요.

A의 나물 양념장

□ 멸치육수 50ml

□ 미림 2큰술

□ 조청 듬뿍 1작은술

□ 저염간장 2큰술

□ 백령도 까나리액젓 3큰술

□ 다진 마늘 1작은술

HOW TO MAKE

1

볼에 멸치육수 50ml, 미림 2큰술, 조청 듬뿍 1작은술, 저염간장 2큰술, 백령도 까나리액젓 3큰술, 다진마늘 1작은술을 넣고 고루 섞어 A의 나물 양념장을 만듭니다.

2

마트에서 판매하는 삶은 고사리 200g입니다.

✚ 말린 고사리를 사다가 직접 삶을 때는 주의가 필요해요. 자칫 잘못 삶으면 질겨서 먹기가 힘듭니다. 냄비에 고사리가 잠길 정도로 물을 붓고 삶은 다음 불을 끕니다. 뚜껑을 닫은 후 6시간 정도 그대로 두면 부드러워집니다. 삶는 시간은 고사리마다 차이가 있지만 대개 김이 나기 시작한 후 15~20분 정도 삶으면 적당합니다.

3

삶은 고사리를 먹기 좋게 듬성듬성 잘라 주세요.

✚ 저는 4등분으로 잘랐습니다. 늘 이야기하듯이 어떤 반찬이든 접시에 정갈하게 담으려면 적당한 크기로 잘라서 무치거나 볶아 주어야 합니다.

4

냄비나 팬에 물을 팔팔 끓여 줍니다. 물이 끓기 시작하고부터 3번의 고사리를 넣고 계속 끓이면서 바글바글 끓어오르는 물거품이 보이면 그때부터 1분가더 끓입니다. 1분 동안 고사리 특유의 비릿한 냄새가 없어집니다.

5

4번의 데친 고사리를 찬물에 헹구어 체에 밭친 다음 물기를 빼 줍니다.

6

약불에서 예열한 팬에 식용유 1큰술, 들기름 1큰술, 5번의 고사리, A의 나물 양념장을 모두 넣고 중불과 센불 사이에서 3분 동안 볶아 줍니다. 단, 양념이 바글바글 끓어오를 때부터 3분으로 설정하고 달달 볶아 줍니다.

7

고사리가 나른하게 볶아지고 양념이 고사리 사이사이에 촉촉하게 남아 있으면 아주 잘된 겁니다. 간을 보면 살짝 짭조름한데 하루 지나면 간이 딱 떨어집니다. 고사리는 말렸다가 삶아서 볶아 먹는 나물이기 때문에 시간이 흐를수록 수분(양념)을 흡수합니다. 촉촉하게 볶아야 나중에 간이 알맞아지고 윤기가 돕니다.

8

한 김 식혀 반찬통에 담은 후 내일 드세요. 도라지나 고사리는 바로 볶았을 때보다 다음 날 먹을 때 120배 맛있어집니다.

도라지나물

INGREDIENT

□ 손질해서 판매하는 도라지 200g

□ 고운 소금 2꼬집

□ 들기름 1큰술

□ 식용유 1큰술

B의 나물 양념장

□ 멸치육수 5큰술

□ 미림 1큰술

□ 조청 듬뿍 1작은술

□ 백령도 까나리액젓 1큰술

□ 다진 마늘 1/2작은술

HOW TO MAKE

1

볼에 멸치육수 5큰술, 미림 1큰술, 조청 듬뿍 1작은술, 백령도 까나리액젓 1큰술, 다진 마늘 1/2작은술을 넣고 섞어 B의 나물 양념장을 만듭니다.

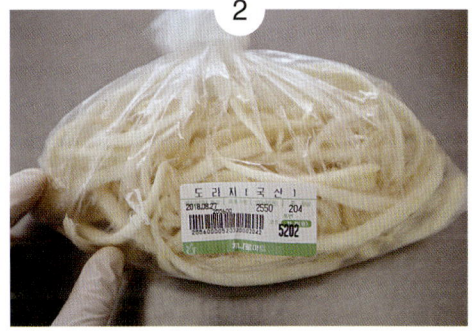

2

껍질 벗겨 손질해서 파는 도라지로 대략 200g입니다.

✚ 도라지나물은 **뿌**리나물인 도라지를 생으로 볶아서 먹는 요리입니다. 뿌리는 쌉싸름하고 아삭한 맛이 특색이죠. 하지만 손질을 잘못하면 쓴맛이 나서 맛이 없습니다. 쓴맛만 잘 조절하면 누구나 좋아하는 전통 한식 나물을 만들 수 있어요. 나물을 볶기 진에 쓴맛이 잘 빠셔나오게 손질을 먼저 해야 합니다.

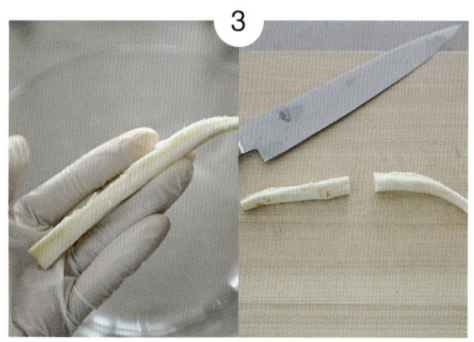

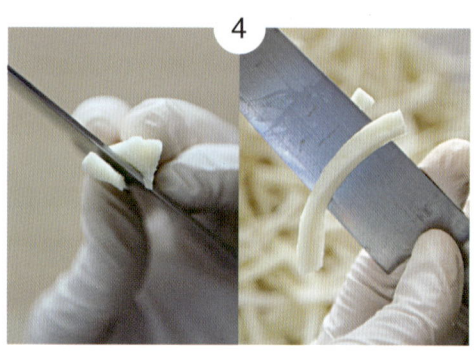

도라지를 한 가닥 집어 보면 위쪽은 두껍고 아래쪽은 가늘어요. 일단 반으로 잘라 줍니다.

도라지는 두꺼운 쪽에 쓴맛이 두드러집니다. 두꺼운 쪽은 3~4가닥이 나오도록 작은 칼로 쭉쭉 갈라 줍니다. 아래쪽은 도라지 상태를 봐서 1~2가닥이 나오게 갈라 줍니다.

✦ 잘게 갈라 줘야 쓴맛도 잘 빠지고 먹기도 편해요. 비빔밥을 해도 정갈하고 접시에 담을 때도 예쁘게 담을 수 있어요.

냄비나 팬에 물을 붓고 팔팔 끓입니다. 물이 끓기 시작하면 4번의 손질한 도라지를 모두 넣어 줍니다.

✦ 반드시 물이 끓기 시작할 때 도라지를 넣으세요.

도라지를 넣은 후 도라지 사이사이로 끓는 물이 바글바글 끓어오르면 그때부터 정확히 1분간 더 삶아 줍니다. 이 과정에서 도라지의 쓴맛이 70% 정도 빠져나옵니다.

7

삶은 도라지는 찬물에 헹군 후 체에 밭쳐 물기를 빼줍니다.

+ 절대 손으로 물기를 짜지 마세요!

8

약불에서 예열한 팬에 들기름 1큰술과 식용유 1큰술을 두르고 7번의 삶은 도라지를 넣습니다. 소금 2꼬집과 B의 나물 양념장을 넣고 중불에서 3분간 달달 볶아 줍니다.

9

3분 정도 볶으면 사진처럼 양념이 바짝 졸아들면서 도라지가 충분히 볶아졌을 거예요. 불을 끄고 간을 보면 쓴맛이 20% 정도 남아 있고 약간 물컹한 식감이 느껴집니다. 그러면 정말로 잘 볶아졌다는 증거입니다.

10

9번의 도라지나물을 반찬통에 담고 냉장고에서 하룻밤 숙성시킵니다. 다음 날 맛을 보면 20% 정도 남아 있던 쓴맛은 고급스러운 쌉싸름한 맛으로, 물컹했던 식감은 아작아작하게 변해 있습니다.

+ 그래서 명절에 나물할 때 도라지나물과 고사리나물은 하루 전에 만들어야 해요.

대통령의 밥상이라는 TV 프로그램을 보니

박정희 대통령은 초고추장에 무친

비름나물을 매끼 드셨다고 해요.

비름나물은 고춧잎처럼 향긋한 풀내가 나면서

씹을수록 쌉싸래한 것이

식감과 풍미가 중독성이 있어요.

전 집된장과 조선간장을 넣고 무쳤어요.

비름나물

□ 비름나물 1봉지(마트 기준)

□ 굵은소금 약간

A의 나물 양념장

□ 된장 1작은술

□ 고추장 1작은술

□ 멸치육수 1큰술

□ 다진 마늘 1/2작은술

□ 참기름(또는 들기름) 1큰술

HOW TO MAKE

비름나물은 질긴 대 부분은 버리고 야리야리한 잎만 사용할 거예요. 깨끗한 물에 가볍게 한 번 씻습니다.

끓는 물에 굵은소금을 약간 넣고 1번의 비름나물을 딱 30초만 데쳐 바로 찬물에 여러 번 헹궈 물기를 꽉 짜 줍니다.

볼에 된장 1작은술, 고추장 1작은술, 멸치육수 1큰술, 다진 마늘 1/2작은술, 참기름(또는 들기름) 1큰술을 넣고 미리 배합해 줍니다.

2번의 비름나물에 양념장을 넣고 조물조물 무쳐 줍니다. 간을 보고 싱거우면 소금 2~3꼬집을 더해 줍니다.

✚ 나물 간은 시간이 지나면서 약해지기 때문에 무칠 때 살짝 짭조름하게 무쳐야 해요.

Recipe 05

할머니가 만들어 주시던 호박나물이에요.

저는 어릴 때 이런 걸 먹고 자랐습니다.

그래서 대충 볶은 호박나물은 성에 차지 않아요.

물컹물컹하다 못해 심지어 곤죽이 된 호박나물은

짜고 맛이 없어서 제 입맛에는 별로예요.

어릴 때부터 맛과 식감이 살아 있는 나물 반찬을 먹고 자란 부작용이죠.

햇볕에 꾸덕꾸덕하게 잘 말려서 볶은 애호박과 양파는

재료 자체의 단맛과 아작아작 씹히는 식감이 그만입니다

한번 색다른 호박나물에 도전해 보세요.

□ 애호박 1개

□ 양파 1개(중간 크기)

□ 참기름 1큰술

□ 식용유 2~3큰술

A의 나물 양념장

□ 멸치육수 3큰술

□ 새우젓 국물만 1큰술

□ 백령도 까나리액젓 1작은술

□ 맛술 2큰술

□ 다진 마늘 1작은술

HOW TO MAKE

애호박 1개를 반달 모양으로 도톰하게(0.5cm 정도) 썰어 줍니다.

중간 크기 양파 1개도 반으로 자른 후 반달 모양으로, 가능하면 1번의 애호박과 같은 두께로 썰어 줍니다.

애호박과 양파를 채반에 올려 햇볕이 잘 드는 곳에 둡니다. 사진처럼 하루 꼬박 두어 반건조 상태가 되게 말려 줍니다. 습도가 없는 가을 햇볕에 말리면 꾸덕꾸덕 잘 마릅니다.

✚ 저는 오전 중에 햇볕에 말렸다가 다음 날 아침에 볶아서 아침과 저녁 반찬으로 먹습니다. 햇볕에 잘 말리면 단맛이 어마무시하게 올라옵니다. 살짝 꾸덕꾸덕한 반건조 상태에서 볶으면 식감도 대박입니다. 양념과 맛, 식감의 조화가 굿~.

〔다음날〕

볼에 멸치육수 3큰술, 새우젓 국물만 1큰술, 백령도 까나리액젓 1작은술, 맛술 2큰술, 다진 마늘 1작은술을 넣고 섞어 A의 나물 양념장을 만듭니다.

✚ 백령도 까나리액젓이 없다면 새우젓 국물 1작은술로 대체해도 되지만 백령도 까나리액젓의 감칠맛이 훨씬 좋습니다.

달군 팬에 식용유 2~3큰술을 두르고 반건조 양파를 넣어 30~40초간 먼저 볶아 줍니다. 이때 가스불은 중불과 약불 사이입니다.

✚ 나물을 볶을 때는 팬을 너무 오래 예열하지 않아야 합니다. 약불에서 서서히 달구면 됩니다.

양파에서 달큼한 냄새가 올라올 겁니다. 그러면 바로 반건조 애호박을 넣고 1분 정도 볶아 줍니다. 가스불은 여전히 중불과 약불 사이입니다.

애호박을 1분가 볶은 후 A의 나물 양념장을 모두 넣고 2~3분간 달달 볶아 줍니다.

나물 양념을 넣고 2~3분 정도 볶으면 양파와 애호박이 먹음직스러운 갈색을 띱니다. 햇볕에 말리는 동안 양파와 애호박에 농축된 단맛이 자연스럽게 배어 나오기 때문입니다. 불을 끄고 참기름 1큰술을 둘러 마무리합니다.

애호박을 물러지지 않게 볶는 방법은 따로 있어요.

살캉살캉 식감을 살리면서

깊은 풍미를 맛보려면 볶는 시간을 잘 지켜야 해요.

또 적당한 두께로 썰어야 하지요.

간할 때도 새우젓 건지가 아니라

국물로 해야 똑 떨어지는 맛이 난답니다.

애호박의 은은한 단맛이 잘 살아 있는 간단 반찬이에요.

애호박볶음

□ 애호박 1개
□ 양파 1/2개(중간 크기)
□ 오일 2~3큰술

A의 애호박볶음 양념장
□ 새우젓 국물만 2큰술
□ 맛술 2큰술
□ 다진 마늘 1작은술
□ 멸치육수 3큰술

HOW TO MAKE

볼에 새우젓 국물만 2큰술, 맛술 2큰술, 다진 마늘 1작
은술, 멸치육수 3큰술을 넣고 미리 배합해 줍니다.

✚ 보통 새우젓 국물과 새우젓 건지의 염도 차이를 무시하고 새우젓
1큰술을 아무렇지 않게 넣었다가 큰코다치는 경우가 있어요. 국물과
건지의 염도 차이는 5~6배가 납니다. 국이나 찌개, 나물을 볶을 때는
새우젓 국물을 넣어야 간이 뚝 떨어집니다.

양파 1/2개는 너무 두껍지 않게 채 썰어 준비합니다.

애호박 1개는 반으로 자른 후 반달 모양으로 너무 두
껍지 않게 0.3~0.4cm로 썰어 줍니다. 애호박을 두껍
게 썰면 오래 볶아야 하므로 어느 순간 애호박이 팍
물러집니다. 일정 시간을 볶은 후 바로 불을 꺼야 은
은한 단맛이 올라오고, 물러지지 않아 적당한 식감
을 느낄 수 있습니다.

달군 팬에 오일 2~3큰술을 두른 후 먼저 양파를 넣어 30~40초간 센불에서 볶아 줍니다.

양파를 볶다가 바로 애호박을 넣고 센불에서 1분간 바짝 볶아 줍니다. 애호박에 기름 코팅을 해 주는 겁니다.

애호박이 바짝 볶아지면 A의 애호박볶음 양념장을 모두 넣습니다. 양념장이 바글바글 끓어오르면 센불에서 2분간 바짝 볶아 줍니다. 이때 시간을 잘 지켜 주세요. 1~2분 차이에 애호박이 팍 물러지기 쉽습니다.

애호박이 80% 정도 익은 상태입니다. 이때 미련 없이 불을 끕니다. 나머지 15~20%는 남아 있는 열로 익힙니다.

95% 정도 익은 상태입니다. 가을 보면 딱 알맞은 상태일 겁니다. 간도 똑 떨어지고, 식감도 굿! 반찬통에 담아 한 김 식힌 후 냉장고에 넣습니다.

가격도 저렴하고 맛도 좋은 애호박을

매콤하게 양념해서 볶으면

기존의 애호박볶음보다 훨씬 맛깔나답니다.

애호박과 양파는 너무 오래 볶지 않는 것이 중요해요.

채소가 힘이 없을 때까지 볶으면

금방 물러지고 수분이 빠져나와

보기에 좋지 않고 식감도 떨어진답니다.

매콤애호박볶음

INGREDIENT

☐ 애호박 1/2개
☐ 양파 1/2개
☐ 마늘기름 2큰술

A의 애호박볶음 양념장
☐ 고춧가루 1작은술
☐ 저염간장 2큰술
☐ 조선간장 1작은술
☐ 맛술 1큰술
☐ 다진 마늘 약간

HOW TO MAKE

애호박은 도톰하게 반달 모양으로 썰어 줍니다.

양파도 애호박 두께로 듬성듬성 썰어 줍니다.

달구어진 팬에 마늘기름 2큰술을 두르고 애호박, 양파를 넣고 센불과 중불 사이에서 1~2분 정도 볶아 줍니다.

약불로 줄이고 잘 섞은 분량의 양념장을 넣고 1분 정도 볶아 주세요.

✚ 양념을 넣은 후에는 약불에서 조리해야 눌어붙거나 타지 않아요. 애호박이랑 양파는 재료의 특성상 열을 받으면 스스로 잘 익기 때문에 오래 볶지 않아도 됩니다.

Recipe 08

어린 시절 엄마가 잘 만들어 주셨던 가지나물이에요.

가지는 물컹거리는 식감 때문에

호불호가 많이 갈리는데요.

그래서 딱 중간으로 식감을 맞췄어요.

너무 물컹거리지도 않게, 너무 살캉거리지도 않게!

짜지 않은 저염간장을 기본으로 한 양념장에

조물조물 버무리면 맛있게 밥 한 끼가 해결돼요.

INGREDIENT

□ 통통한 가지 2개
□ 찹쌀가루 듬뿍 1큰술

A의 가지나물 양념장
□ 저염간장 3큰술
□ 조선간장 1큰술

□ 맛술 1큰술
□ 조청 듬뿍 1큰술
□ 다진 마늘 1작은술
□ 고춧가루 듬뿍 1큰술
□ 다진 파 3큰술
□ 참기름 1큰술

HOW TO MAKE

통통한 가지 2개를 깨끗하게 씻은 후 반으로 갈라 줍니다.

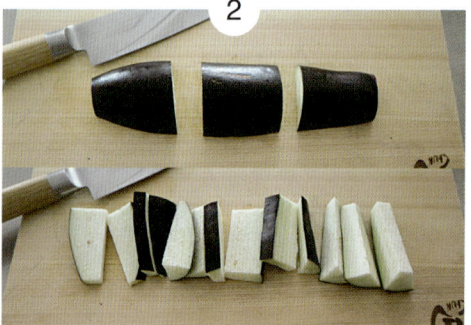

가지 크기에 따라 3~4등분으로 자른 후 길쭉하게 손가락 마디 굵기로 썰어 줍니다.

비닐팩에 2번의 가지와 찹쌀가루 듬뿍 1큰술을 넣어 줍니다.

비닐팩째 살살 흔들어 가지에 찹쌀가루를 골고루 묻힙니다.

당근정말시러의 맛 보장 반찬 특강

5

내열 볼에 4번의 가지를 비닐팩째 넣고 전자레인지에 3분간 돌립니다. 3분이 끝나면 다시 3분간 돌립니다. 총 6분간 전자레인지에서 익히는데 귀찮다고 한번에 6분간 돌리면 안 됩니다.

6

가지를 전자레인지에서 익히는 동안 A의 가지나물 양념장을 만듭니다. 볼에 저염간장 3큰술, 조선간장 1큰술, 맛술 1큰술, 조청 듬뿍 1큰술, 다진 마늘 1작은술, 고춧가루 듬뿍 1큰술, 다진 파 3큰술, 참기름 1큰술을 넣고 고루 섞어 줍니다.

7

전자레인지에서 3분간 돌리고 다시 3분을 더 돌렸더니 가지가 알맞게 쪄졌습니다. 찹쌀가루를 입혀서 쪘더니 가지의 식감이 너무 살캉거리지도 물컹거리지도 않게 딱 알맞습니다.

8

7번의 가지를 볼에 담고 6번의 A의 가지나물 양념장을 모두 부어 조물조물 버무려 반찬통에 담습니다.

아작아작, 꼬들꼬들 식감이 잘 살아 있는 오이나물이에요.

오이 싫어하는 사람의 입맛까지 바꿔버리죠.

오이나물의 맛내기 포인트는 불 조절과 타이밍에 있어요.

미리 양념하여 밑간한 후 딱 2분간 볶아야 해요.

볶고 난 오이나물은 바로 냉장고에서 열기를 식혀야 하는데,

그래야 먹음직스러운 색감과 식감을 유지할 수 있거든요.

조선 시대 정경 마님처럼 기품 있고 우아한 나물 반찬이지요.

제가 생각하는 나물 반찬 중 최고예요!

명절에는 전복이나 뿔소라를 얄팍하게 썰어서

같이 볶은 후 상에 내놓아요.

고급스러움이 접시에 넘쳐납니다.

오이나물

□ 청오이 2개
□ 물엿 1/2컵(100ml)

✚ 가능하면 백오이보다 청오이를 사용하세요.

A의 오이나물 양념
□ 저염간장 1작은술
□ 백령도 까나리액젓 1작은술
□ 다진 마늘 1작은술
□ 조청 1/2작은술
□ 오일 1큰술(올리브오일 제외)
□ 들기름 1큰술

HOW TO MAKE

청오이 2개는 슬라이스 채칼에 슥슥 밀어 줍니다. 이때 너무 얇지 않게 보통 굵기로 조절하여 밀어 줍니다.

1번 오이에 물엿 1/2컵(100ml)을 넣고 조물조물 무쳐 30~40분간 재워 둡니다.

✚ 재우는 동안 꼭꼭 잊지 말고 2~3번 위아래를 뒤집어 줍니다.

30~40분 정도 지나면 오이에서 수분이 엄청나게 빠져나와 있습니다. 절대 찬물에 헹구지 말고 오이만 건져서 오이지 짜듯이 꽉꽉 있는 힘껏 물기를 제거합니다.

3번 오이에 저염간장 1작은술, 백령도 까나리액젓 1작은술, 다진 마늘 1작은술, 조청 1/2작은술, 오일 1큰술, 들기름 1큰술을 넣고 나물을 무치듯 조물조물 무쳐 줍니다.

✚ 오이는 열에 상당히 약한 재료이므로 볶았을 때 식감을 살리려면 미리 양념해서 밑간을 따로 해야 합니다.

프라이팬을 중불에서 1분 정도 바짝 달궈 줍니다. 귀찮더라도 시간을 확인해 가며 예열해 주세요.

✚ 오이나물은 불 조절과 타이밍이 중요해요.

달군 팬에 오이를 넣습니다. 이때 무조건 치익~ 소리가 나야 합니다. 제일 큰 화구에서 센불로 정확히 2분간 달달 볶아 줍니다.

2분 알람이 울리면 서둘러 불을 끄고 평평한 접시에 담아 그대로 냉장고에 넣습니다. 뜨거운 열기를 순식간에 날려 줍니다.

✚ 오이나물을 팬에 볶은 후 그대로 반찬통에 담아 두면 누렇게 색이 변하고 흐물흐물 무르기 시작해요. 저처럼 식감을 살려서 볶은 후 바로 재빨리 냉장고에 넣어 '냉마사지'를 받으면 파릇한 색감도 유지되고 더욱 아작아작하는 식감을 즐길 수 있어요.

Recipe 10

기본 중의 기본 반찬이라 할 수 있는

오이무침이지만 항상 기본이 어려운 법이에요.

과정은 간단한데, 맛 내기가 쉽지 않아요.

오이를 소금에 절이지 않고

식초와 설탕에 절였다가 양념에 버무려 보세요.

맛있는 백반집에서 맛본 그 맛이 날 거예요.

백반집 오이무침

☐ 백오이 2개

A의 오이 절임

☐ 양조식초 6큰술

☐ 설탕 1큰술

B의 오이무침 양념장

☐ 고추장 적당히 1큰술

☐ 고춧가루 2큰술

☐ 참기름 2큰술

☐ 저염간장 1작은술

☐ 백령도 까나리액젓 1작은술

☐ 다진 마늘 1작은술

☐ 조청 1작은술

HOW TO MAKE

백오이 2개는 깨끗하게 씻어 살짝 도톰한 0.7~1cm 두께로 어슷하게 썰어 줍니다.

오이를 소금에 절이는 대신 양조식초 6큰술, 설탕 1큰술을 넣고 조물조물 버무려 20~30분간 절입니다. 신기하게도 소금보다 더 맛나게 절여집니다.

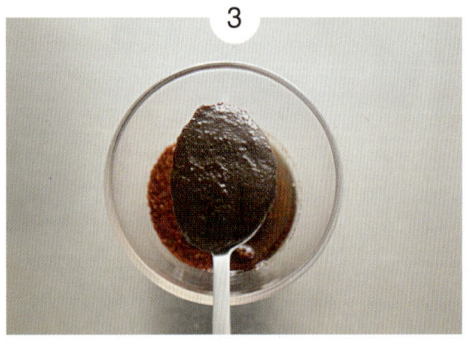

오이를 절이는 동안 B의 오이무침 양념장을 만듭니다. 볼에 고추장 1큰술, 고춧가루 2큰술, 참기름 2큰술, 저염간장 1작은술, 백령도 까나리액젓 1작은술, 다진 마늘 1작은술, 조청 1작은술을 넣고 고루 섞어줍니다.

4

20~30분이 지나 오이가 말랑하게 잘 절여지면서 수
분이 꽤 많이 나왔을 겁니다. 절대 헹구지 말고 오이
만 건져서 살포시 물기를 짜 줍니다.

✚ 손으로 오이를 비틀어 짜지 마세요.

5

4번의 오이에 B의 오이무침 양념장을 넣고 조물조
물 버무립니다. 냉장고에 하루 두었다 먹어도 정말
맛있습니다.

봄철 입맛 돋우는 나물로 참나물이 으뜸이죠.

참나물을 생으로도 무쳐 먹지만

끓인 물에 살짝 데쳐 무치면 쌉쌀한 맛이 줄어

누구나 맛있게 즐길 수 있는 반찬이 돼요.

흔히 끓는 물에 넣고 데치는데, 물을 팔팔 끓였다가

불을 끄고 뜨거운 물에 앞뒤로 각각 15초간 두었다가

꺼내면 딱 알맞은 식감으로 데쳐져요.

기분까지 끌어올려 주는 상큼한 맛이에요.

참나물

□ 참나물 350g

A의 참나물 양념
□ 고운 소금 1/3큰술
□ 조청 1작은술

□ 멸치육수 3큰술
□ 저염간장 1큰술
□ 백령도 까나리액젓 1큰술
□ 다진 마늘 1작은술
□ 참기름 2큰술

HOW TO MAKE

참나물 350g을 깨끗하게 씻어 물기를 탁탁 털어 준비합니다.

냄비에 넉넉하게 물을 담아 팔팔 끓입니다.

물이 끓기 시작하면 반드시 불을 끕니다. 불을 끈 채 끓인 물에 참나물을 넣습니다.

참나물을 넣고 10~15초 후 재빨리 뒤집어 줍니다.

5

뒤집은 후 10~15초가 지나면 건져서 재빨리 찬물에 헹군 후 물기를 꼭 짭니다.

6

먹기 좋게 송송 썰어 줍니다.

✚ 참나물은 조직이 약한 나물이라 불을 켜놓고 데치면 질겨질 뿐만 아니라 맛과 향이 많이 빠져버려요. 불을 끄고 뜨거운 물에 살짝 숨만 죽여서 참나물의 향긋한 향과 맛을 살려서 요리하세요.

7

볼에 참나물을 담고 A의 참나물 양념을 넣어 조물조물 무칩니다.

✚ 처음에 살짝 간간하게 간이 되어야 10~20분 지나면 싱싱한 나물 반찬이 됩니다. 처음부터 싱겁게 간하면 시간이 지날수록 밍밍해집니다.

콩나물 한 봉지의 행복이라고나 할까요?

별 기교 없이 기본에 충실한 하얀 콩나물무침인데

멸치육수에 데친 콩나물과 양파와 대파가 잘 어우러져

맛이 끝내줍니다. 무치고 남은 콩나물로

김장김치만 추가해 국을 끓이면

이 또한 국물 맛이 좋습니다. 국물 한 숟가락 떠먹으면

"아흐, 시원해!"가 절로 나와요.

콩나물무침
콩나물김칫국

콩나물무침(2인분)

☐ 콩나물 300g짜리 1봉지

☐ 대파 1/2뿌리(흰 부분만)

☐ 양파 1/4~1/5개

☐ 백령도 까나리액젓 1작은술

☐ 고운 소금 약하게 2꼬집

☐ 다진 마늘 1/2작은술

☐ 참기름 1큰술

콩나물김칫국(작은 국그릇에 2~3인분)

☐ 멸치육수 3컵(600ml)

☐ 김장김치 1/4포기에서 반만 사용

☐ 백령도 까나리액젓 1작은술~1큰술

☐ 다진 마늘 1작은술

HOW TO MAKE

〔 콩나물무침 만들기 〕

1

콩나물 300g짜리 1봉지를 준비해 깨끗이 씻습니다.

2

굵은 대파의 흰 부분으로 1/2뿌리를 손가락 크기로 길쭉길쭉하게 채 썰고, 양파 1/4개도 가늘게 채 썰어 줍니다.

✚ 대파는 겨울과 봄에 아주 맛있어요. 콩나물무침에 양파와 대파라니 싶지만 콩나물무침의 맛내기 비법이랍니다.

3

냄비에 정성껏 우린 멸치육수 3컵(600ml)을 붓고 끓입니다.

육수가 끓기 시작하면 1번의 콩나물 1봉지를 모두 넣어 줍니다.

콩나물을 넣고 사진처럼 바글바글 끓기 시작하면 5분으로 타이머를 설정하세요. 콩나물은 끓기 시작하고 2분이 지나면서 콩 비린내를 뱉어냅니다. 3~4분이 지나면 콩 비린내가 깨끗하게 사라지고 5분 정도 되면 비린 맛 없이 아작아작 딱 먹기 좋은 식감으로 익습니다. 미련 갖지 말고 5분 타이머가 울리면 바로 불을 꺼 줍니다.

미련 갖지 말고 5분이 되면 바로 불을 꺼 줍니다. 자세히 보면 콩나물이 투명히게 익은 색으로 변해 있을 겁니다.

콩나물김칫국에 필요한 콩나물 2줌 정도를 남기고 나머지 콩나물을 건져 체에 밭쳐 물기를 뺍니다.

tips

싱싱하게 콩나물 보관하는 요령

콩나물은 수시로 물을 먹고 자라며 빛을 무지 싫어해요. 하루에 10번 이상을 물을 충전 받다가 갑자기 봉지에 담기면 스트레스를 받기 시작합니다. 콩나물 대가리가 썩기 시작하면서 비린내가 납니다. 또 빛을 많이 보면서 대가리가 파란색으로 변하기도 하고요. 그럼에도 대부분은 마트에서 콩나물을 사 오자마자 봉지째 냉장고에 넣어 버리기 일쑤입니다. 유통기한만 믿고 냉장고에 넣으면 콩 비린내가 심해질 수밖에 없어요. 마트에서 콩나물을 사 오면 깨끗하게 2번 정도 헹군 후(지는 꼬리 부분을 다듬었지만 각자 알아서 하세요) 가능하면 불투명하고 뚜껑이 있는 통에 콩나물이 잠길 정도로 물을 부어 냉장고에 보관합니다. 7~10일이 지나도 콩 비린내 없이 싱싱하게 보관할 수 있어요.

8

콩나물무침에서 가장 중요한 포인트! 콩나물에 뜨거운 열기가 있을 때 백령도 까나리액젓 1작은술을 넣고 조물조물 버무려 밑간을 합니다.

9

밑간한 콩나물을 뚜껑 닫지 않고 냉장고에 넣어 5분간 식힙니다. 짧은 시간에 바짝 식혀 줘야 아작아작 식감이 좋고 물기가 잘 생기지 않아요.

10

콩나물을 식히는 동안 2번의 대파와 양파를 데칩니다. 콩나물을 데친 멸치육수에 불을 다시 켜 육수가 끓기 시작하면 대파와 양파를 작은 체에 담아 육수에 담갔다가 빼는 식으로 3~4번 반복해 줍니다. 숨이 죽을 때까지 합니다.

✚ 대파와 양파가 멸치육수를 머금어 굉장히 달달해져요. 감칠맛이 좋아 콩나물과 잘 어우러져요. 이것이 맛을 내는 신의 한 수랍니다.

11

냉장고에서 5분간 식힌 콩나물을 꺼내 볼에 담은 후 10번의 데친 양파와 대파, 다진 마늘 1/2작은술, 참기름 1큰술, 고운 소금 약하게 2꼬집을 넣고 조물조물 가볍게 무칩니다. 아작아작 맛있는 콩나물무침 완성입니다.

〔 콩나물김칫국 만들기 〕

콩나물 1봉지로 콩나물무침만 하면 아쉬우니까 저는 꼭 무침과 함께 콩나물김칫국을 만듭니다. 일단 김장김치 1/4포기를 꺼냅니다.

김장김치를 맑은 물에 한두 번 흔들어 김치 속을 헹군 후 물기를 꼭 짜 줍니다. 1/4포기에서 절반만 사용합니다.

김치를 먹기 좋게 듬성듬성 썰어 줍니다. 이때 너무 크게 썰면 국을 떠먹을 때 불편해요.

다시 콩나물을 삶았던 냄비의 불을 켜서 남은 콩나물에 씻은 김치와 다진 마늘 1작은술을 넣고 센불에서 바글바글 끓여 줍니다.

바글바글 끓기 시작하면 약불로 줄이고 뚜껑을 닫은 후 5분간 더 푹 끓여 줍니다.

5분 후 국물 간을 봅니다. 백령도 까나리액젓 1작은술로 마지막 간을 합니다. 싱거우면 까나리액젓의 양을 조금 더 추가하세요.

숙주나물은 콩나물무침보다 훨씬 맛있어요.

아이들도 좋아하고 특히 여성들이 좋아해요.

뚝딱 만드는데 맛은 너무너무 훌륭해요.

숙주와 김이 환상적인 궁합을 자랑합니다.

구운 김은 숙주에서 나온 수분을 빨아들이고

간을 맞추고 감칠맛을 더해 줘요.

숙주 한 봉지로 두 접시가 나오는데

손이 절로 가서 남기는 일이 절대 없어요.

숙주나물

INGREDIENT

□ 숙주 1봉지(270~300g)

□ 원초가 짧은 김 2장

✚ 돌김, 재래김, 곱창김 등은 원초가 짧아 김 본연의 맛을 느낄 수 있어요. 김밥용 김이나 조미김은 안 돼요.

A의 숙주 밑간

□ 백령도 까나리액젓 1작은술

□ 고운 소금 2꼬집

B의 숙주나물 양념장

□ 멸치육수 2큰술

□ 저염간장 2큰술

□ 백령도 까나리액젓 1큰술

□ 다진 마늘 1작은술

□ 참기름 1~2큰술

HOW TO MAKE

미리 사 놓은 숙주나물은 물에 담가 보관해 둡니다. 비릿한 냄새가 나지 않을뿐더러 줄기가 더 통통해집니다. 깨끗이 씻은 후 체에 밭쳐 물기를 빼 줍니다.

숙주를 내열 볼에 담고 공기가 통하도록 랩을 느슨하게 덮어 줍니다. 전자레인지에서 2분간 돌린 후 꺼내 위아래 숙주 위치를 바꾸어 다시 2분간 돌립니다. 총 4분간 돌려서 익힙니다.

✚ 처음 2분 돌리고 나면 숙주에서 비린내가 올라오는데 괜찮습니다. 다시 2분을 더 돌리면 다 날아가요.

전자레인지에서 숙주가 데쳐지는 동안 김 2장을 구워 줍니다. 기름 두르지 않은 팬을 바짝 예열한 후 김을 올려 구워 줍니다. 김을 좋아하면 3장도 괜찮아요.

4

전자레인지에서 총 4분을 돌렸더니 사진처럼 잘 데 쳐졌습니다. 수분이 조금 나와 있는데, 물기를 제거 한 후 고운 소금 2꼬집, 백령도 까나리액젓 1작은술 로 밑간을 합니다.

✚ 숙주 상태를 보고 덜 익었다 싶으면 전자레인지에서 1~2분간 더 익혀줍니다.

5

밑간한 숙주를 평평하게 펼치거나 체에 담아 냉동실 에서 4~5분간 바짝 식힙니다. 5분 후 꺼내면 탱글탱 글, 아작아작 식감이 좋아집니다.

6

4~5분간 숙주나물이 냉장고에 있는 동안 B의 숙주 나물 양념장을 만듭니다. 볼에 멸치육수 2큰술, 저염 간장 2큰술, 백령도 까나리액젓 1큰술, 다진 마늘 1작은술, 참기름 1~2큰술을 넣고 고루 섞습니다.

7

볼에 식힌 숙주를 담고 3번의 구운 김을 손으로 잘게 찢어서 넣습니다.

8

6번의 B의 숙주나물 양념장을 모두 넣고 조물조물 무칩니다.

✚ 조물조물 무칠 때 수분이 나올 거예요. 이때 구운 김이 수분을 흡수 합니다. 숙주나물의 간이 약해지는 걸 구운 김이 보완해 줘요.

쌀쌀한 겨울, 제철 맞은 시금치는

단맛이 올라와 어떻게 만들어도 맛있어요.

시금치를 끓는 물에 데칠 때는 불을 끄고 데쳐야

식감이 살아나 더 맛있게 먹을 수 있답니다.

냉장고에 보관해 먹다가 2~3일이 지나도 남아 있다면

비빔밥에 넣어 드세요. 마늘이 들어가기 때문에

빨리 상할 수 있으니 2~3일 안에 먹는 게 좋아요.

기본 시금치나물

INGREDIENT

☐ 시금치 또는 포항초 1단(250~280g)

☐ 고운 소금 약하게 3꼬집

☐ 저염간장 2큰술

☐ 멸치육수 2큰술

☐ 백령도 까나리액젓 1큰술

☐ 다진 마늘 1작은술

☐ 참기름 1~2큰술

HOW TO MAKE

시금치나 포항초 1단을 준비합니다. 보통 시금치는 200~250g 사이가 많고 포항초는 250~300g 사이가 많습니다. 시금치나 포항초는 여러 번 깨끗하게 씻어 줍니다.

씻는 동안 평소 나물을 데칠 때보다 더 넉넉히 물을 잡아 팔팔 끓여 줍니다.

물이 팔팔 끓기 시작하면 1번의 시금치를 넣자마자 불을 끕니다.

✚ 저는 소금을 넣고 나물을 데치지 않아요.

4

불을 끄고 2~3초 지나 젓가락으로 위아래 시금치의 위치를 바꾸어 줍니다. 그러면 전체적으로 나른하게 숨만 죽은 상태가 됩니다. 고루 숨이 죽으면 바로 찬물에 여러 번 헹구어 냅니다. 이때 나물에 여열이 남아 있으면 안 되니 2~3번 충분히 헹굽니다.

✚ 보통 시금치처럼 조직이 약한 나물을 불을 켜놓은 채 삶듯이 데치면 시금치 단맛이 다 빠지고 식감도 떨어져요. 시금치, 참나물, 비름나물, 쑥갓, 부추, 미나리 등 조직이 연한 나물은 불을 끄고 데치세요. 한결 더 맛이 납니다. 단, 냉이, 방풍나물, 원추리, 취나물처럼 봄에 나오는 조직이 강한 나물은 불을 켠 채 끓는 물에 1~2분 삶아서 데쳐야 합니다.

5

찬물에 잘 헹군 시금치는 하얀 거품이 나올 때까지 물기를 꽉 짜 줍니다. 1~2분 후에 다시 물기를 짜 줍니다. 물기를 얼마나 잘 빼 주느냐가 중요합니다.

6

물기를 완전히 뺀 시금치를 3~4등분 잘라 줍니다. 두 번째 사진은 잘라진 시금치의 단면입니다. 평소 그냥 무칠 때보다 훨씬 간이 잘 배어들 거예요.

7

볼에 자른 시금치를 담고 고운 소금을 약하게 집어 3꼬집, 저염간장 2큰술, 멸치육수 2큰술, 백령도 까나리액젓 1큰술, 다진 마늘 1작은술, 참기름 1~2큰술을 넣어 조물조물 무칩니다.

8

간을 봤을 때 딱 알맞다 싶으면 나중에 싱거워집니다. 지금 간이 좀 짭쌀해야 10여 분 지났을 때 딱 떨어지는 간이 됩니다. 첫 간이 심심하다 싶으면 백령도 까나리액젓 1작은술, 소금 1꼬집을 추가하세요.

통들깨를 믹서나 맷돌에 갈아

면보에 들깨즙을 내서 만드는 것이 정석이지만

요즘 세상에 그렇게 만들었다가는 밥 먹기 힘들죠.

시판하는 들깻가루로도 충분히 고소한 맛을 낼 수 있어요.

다 만들어 반찬통에 담아 한 김 식힌 후

냉장고에 넣어 두었다가 먹어요.

뜨겁게 먹으면 맛이 없어요.

완전 차갑게 먹어야 제맛이 나는 여름 음식입니다.

들깨즙머윗대나물

INGREDIENT

□ 머윗대 650~700g

□ 들기름 2큰술

□ 오일 1큰술

A의 머윗대나물 양념장

□ 백령도 까나리액젓 1큰술

□ 저염간장 2큰술

□ 맛술 2큰술

□ 조청 1큰술

□ 다진 마늘 1큰술

B의 들깨즙

□ 멸치육수 150ml

□ 찹쌀가루 적당히 2큰술

□ 들깻가루 적당히 4큰술

□ 백령도 까나리액젓 1큰술

HOW TO MAKE

볼에 백령도 까나리액젓 1큰술, 저염간장 2큰술, 맛술 2큰술, 조청 1큰술, 다진 마늘 1큰술을 넣고 미리 배합해 A의 머윗대나물 양념장을 만듭니다.

다른 볼에 멸치육수 150ml, 찹쌀가루 적당히 2큰술, 들깻가루 적당히 4큰술, 백령도 까나리액젓 1큰술을 넣고 고루 섞어 B의 들깨즙을 만듭니다.

머윗대 650~700g은 삶아서 껍질을 벗겨야 하므로 냄비에 들어갈 정도로 적당하게 썰어 줍니다.

당근정말시러의 맛 보장 반찬 특강

4

팔팔 끓는 물에 3번의 머윗대를 넣고 2분간 삶아 줍니다. 2분 후 건져 찬물에 충분히 헹군 다음 체에 밭쳐 물기를 제거합니다.

✚ 머윗대는 너무 무르게 익어도 맛이 별로이고 덜 익혀도 질겨서 먹기 힘들어요. 정확하게 물이 팔팔 끓어오를 때부터 2분간 삶은 후 건지세요.

5

삶은 머윗대의 껍질을 벗겨 줍니다. 머윗대를 한 번 삶은 후 껍질을 벗기면 잘 벗겨집니다.

6

껍질을 벗긴 머윗대를 숟가락 크기에 들어갈 정도로 썰어 줍니다. 숟가락으로 들깨즙과 머윗대를 같이 먹어야 맛있기 때문이에요.

7

달군 팬에 들기름 2큰술, 오일 1큰술을 두르고 머윗대를 모두 넣어 센불에서 30~40초간 바짝 볶아 줍니다.

A의 머윗대나물 양념장을 넣어 바글바글 끓어오르면 주걱으로 뒤적이며 중불에서 2분간 졸입니다. 불을 끄고 다 볶아진 머윗대를 따로 접시에 담아 둡니다.

머윗대를 볶은 팬에 B의 들깨즙을 모두 넣고 센불에서 오른쪽 사진처럼 걸쭉해질 때까지 계속 저어가며 끓입니다.

9번의 들깨즙에 미리 볶아 둔 머윗대나물을 넣고 센불에서 천천히 저어가며 볶습니다.

뻑뻑했던 들깨즙이 미숫가루 농도로 확 풀어집니다. 들깨즙이 바글바글 끓어오르면 센불에서 2분만 더 끓인 후 불을 끄고 마무리합니다.

반찬통에 담아 한 김 식힌 후 냉장고에 넣어 두었다가 먹습니다. 뜨거울 때 먹으면 맛이 없어요. 차갑게 먹는 여름 음식입니다.

미역줄기볶음

Recipe 16

양파를 볶아 맛과 향을 낸 후 미역줄기와

양념장을 같이 넣고 볶는 것이 중요해요.

흐물흐물하지 않게 하려면 너무 오래 볶으면 안 됩니다.

2~3분 안에 재빨리 볶아 내세요.

미역줄기볶음도 뜨거울 때 먹는 것보디

한 김 식혀 냉장고에 넣었다가 차게 먹는 것이 더 맛있어요.

INGREDIENT

□ 염장 미역줄기 300~350g

□ 양파 1/2개(중간 크기)

□ 오일 2큰술

A의 미역줄기볶음 양념장

□ 저염간장 3큰술

□ 백령도 까나리액젓 2큰술

□ 맛술 2큰술

□ 다진 마늘 1큰술

HOW TO MAKE

염장 미역줄기 300~350g입니다. 미역줄기 사이사이에 붙어 있는 하얀 소금기가 없어질 때까지 맑은 물에 10번 정도 씻어 줍니다. 소금기가 사라지면 1시간 정도만 물에 담가 둡니다. 1시간 동안 2~3번 물을 갈아 줍니다.

✤ 깜박하고 2~3시간 담가 놓으면 나중에 팬에 볶을 때 흐물흐물 풀어지는 현상이 일어납니다. 1시간만 담가 놓으세요.

볼에 저염간장 3큰술, 백령도 까나리액젓 2큰술, 맛술 2큰술, 다진 마늘 1큰술을 넣고 고루 섞어 A의 미역줄기볶음 양념장을 만듭니다.

1시간 후 1번의 미역줄기를 체에 밭쳐 물기를 뺀 후 먹기 좋게 썰어 줍니다.

당근정말시러의 맛 보장 반찬 특강

4

양파 1/2개(중간 크기)는 가늘게 채 썰어 줍니다.

5

예열한 팬에 오일 2큰술, 양파 1/2개를 가늘게 채 썰어 넣고 센불에서 30초간 볶아 줍니다. 30초 정도 볶으면 양파에서 달큼한 냄새가 올라옵니다.

6

양파를 볶다가 3번의 미역줄기를 모두 넣고 2번의 양념장을 다 부어 줍니다. 센불에서 재빨리 볶아 마무리합니다.

✚ 팬에 미역을 넣고 볶기 시작할 때 양념장을 같이 넣는 것이 맛내기 포인트예요. 이때 양념장을 넣고 너무 오래 볶으면 미역이 흐물흐물 풀어질 수 있으니 가능하면 센불에서 2~3분 안에 재빨리 볶아야 합니다.

국민 반찬, 어묵볶음을 두 가지 버전으로 만들어 봤어요.

저는 간장으로 양념한 어린이용을 좋아하지만

칼칼하면서 조금 자극적인 맛을 좋아한다면

어른용을 추천합니다. 1+1로 판매하는 어묵을 사 와

두 가지 버전으로 만들어 보세요.

불순물을 쏙 뺀 어묵볶음은

차가울 때 먹어야 감칠맛이 더욱 좋아요.

간장 맛 어묵볶음

매운맛 어묵볶음

간장 맛 어묵볶음

☐ 사각어묵 200g(4장)

☐ 멸치육수 1/2컵(100ml)

☐ 오일 2큰술

☐ 양파 1/2개(중간 크기)

A의 간장 맛 어묵볶음 양념장

☐ 저염간장 3큰술

☐ 백령도 까나리액젓 1작은술

☐ 맛술 2큰술

☐ 조청 1큰술

☐ 다진 마늘 1작은술

매운맛 어묵볶음

☐ 사각어묵 200g(4장)

☐ 양파 1/2개

☐ 오일 2큰술

☐ 멸치육수 100ml

B의 매운맛 어묵볶음 양념장

☐ 저염간장 3큰술

☐ 백령도 까나리액젓 1큰술

☐ 맛술 2큰술

☐ 조청 1큰술

☐ 다진 마늘 1작은술

B의 한식고추기름

☐ 고춧가루 듬뿍 1큰술

☐ 참기름 1큰술

〔 간장 맛 어묵볶음 만들기 〕

사각어묵 200g(4장)입니다. 최대한 첨가물을 제거하고 요리할게요.

볼에 저염간장 3큰술, 백령도 까나리액젓 1작은술, 맛술 2큰술, 조청 1큰술, 다진 마늘 1작은술을 넣고 고루 섞어 A의 간장 맛 어묵볶음 양념장을 만듭니다.

양파 1/2개(중간 크기)는 가늘게 채 썰어 줍니다. 어묵도 손가락 마디 크기로 길쭉하게 채 썰어 줍니다.

볼에 어묵을 담고 팔팔 끓는 물을 어묵이 잠길 정도로 가득 부어 줍니다. 1분간 그대로 두어 기름 냄새와 화학첨가물을 제거합니다.

1분 후 어묵을 건져 찬물에 가볍게 헹구어 낸 후 체에 밭쳐 물기를 빼 줍니다. 어묵을 하나 먹어 보세요. 밍밍할 거예요. 이제 입에 착 감기는 건강한 양념으로 채우면 됩니다.

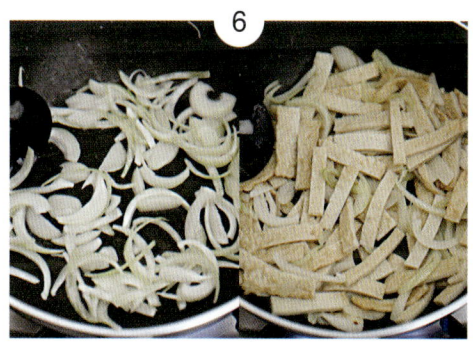

예열한 팬에 오일 2큰술을 두르고 양파 1/2개를 넣어 30초 정도 먼저 볶다가 어묵을 넣고 1분간 바짝 볶아 줍니다. 불의 세기는 센불과 중불 사이입니다.

6번에 멸치육수 1/2컵(100ml)을 붓고 멸치육수가 어묵에 스며들 때까지 달달 볶아 줍니다. 불의 세기는 센불과 중불 사이입니다.

＋ 어묵은 튀겨서 만들기 때문에 표면은 바짝 말라 있습니다. 말라 있는 어묵에 바로 간장을 넣고 볶으면 어묵에 간이 스며들기도 전에 양념이 타버리거나 겉돌기 일쑤입니다. 멸치육수를 붓고 조리는 과정을 거쳐야 양념이 깔끔하고 시간이 지나도 촉촉하고 부드럽게 먹을 수 있어요.

멸치육수가 어묵에 흠뻑 스며들었으면 A의 간장 맛 어묵볶음 양념장을 붓고 중불에서 조리듯 볶아 줍니다.

양념이 자작하게 조려지면 마지막 간을 봅니다. 살짝 달콤하고 크게 짜지 않은 순한 맛일 거예요. 한 김 식혀 반찬통에 담은 후 냉장고에 넣어 차게 해서 드세요. 단맛은 줄어들고 감칠맛은 두 배로 팍팍 올라갑니다.

〔 매운맛 어묵볶음 만들기 〕

볼에 저염간장 3큰술, 백령도 까나리액젓 1큰술, 맛술 2큰술, 조청 1큰술, 다진 마늘 1작은술을 넣고 고루 섞어 B의 매운맛 어묵볶음 양념장을 미리 만들어 둡니다.

다른 볼에 고춧가루 듬뿍 1큰술, 참기름 1큰술을 넣고 슥슥 저어 한식고추기름을 미리 만들어 둡니다.

✚ 고추기름을 넣는 것과 고춧가루를 넣는 것에는 맛의 차이가 분명 있습니다.

3~7번 과정은 간장 맛 어묵볶음과 같습니다. 멸치육수가 어묵에 흠뻑 스며들었으면 B의 매운맛 어묵볶음 양념장을 붓고 양념이 자작하게 조려질 때까지 볶습니다. 마지막에 한식고추기름을 넣고 20~30초간 더 볶으면 됩니다. 반찬통에 담아 냉장고에서 차게 한 후 드세요.

Recipe 18

김치부침개보다 야채부침개를 좋아해서 사주 만들어 먹는 편이에요.

반죽을 미리 숙성시켜 놓으면 언제든 편하게 간식으로 만들어 먹을 수 있어요.

단, 반죽에 김치나 야채가 들어가 있으면 안 돼요.

부침개는 냉장고 속 자투리 야채를 처리할 때도 좋지만

오후에 출출해하는 아이들 간식으로도 좋아요.

피자는 절대절대 따리 올 수 없는 맛이랍니다.

더 맛있게 먹고 싶다면 20~30분 정도 식힌 후에 드세요.

INGREDIENT

3장 분량

☐ 애호박 1/2~1/3개(두께와 크기에 따라 조절)

☐ 마른 홍새우(또는 두절새우) 1줌

☐ 당근 아주 조금

☐ 양파 1/2개

☐ 청양고추 2~3개

☐ 백령도 까나리액젓 1큰술 반

☐ 밀가루 넉넉히

☐ 식용유 넉넉히

A의 부침개 반죽

☐ 멸치육수 1컵 반(300ml)

☐ 밀가루 1컵(중력분 200ml)

☐ 옥수수전분 듬뿍 1큰술

☐ 찹쌀가루 듬뿍 2큰술

✚ 밀가루를 계량할 때 정확히 깎아서 1컵(200ml)입니다. 밀가루는 수분을 바짝 건조시킨 가루이기 때문에 정확히 깎아서 계량한 것과 대충 떠서 한 컵 계량한 것과는 반죽의 농도에서 차이가 나요.

HOW TO MAKE

〔 미리 반죽 만들기 〕

볼에 멸치육수 1컵 반(300ml), 밀가루 1컵(중력분 200ml), 옥수수전분 듬뿍 1큰술, 찹쌀가루 듬뿍 2큰술을 넣고 섞어 A의 부침개 반죽을 만듭니다. 랩을 씌워 최소한 3~4시간 냉장고에서 숙성시킵니다.

✚ 냉장고에서 하룻밤 정도 숙성시키면 가장 맛있는 상태가 됩니다. 밀가루 냄새도 안 나고 반죽의 농도가 딱 맞아떨어지거든요. 부침개를 할 때 이 숙성 과정이 중요합니다. 대개 손쉽게 시판 부침가루를 사용하는데, 베이킹파우더를 비롯해 첨가물이 많이 들어가 있어 반죽해서 바로 부쳐도 맛이 나는 거랍니다. 저는 오전 중에 A의 부침개 반죽을 미리 섞은 후 냉장고에 넣어 오후나 그다음 날 사용합니다.

✚ 쫀득쫀득 바삭한 부침개를 원한다면 옥수수전분을 꼭 넣어야 해요. 저는 오뚜기 옥수수전분가루를 사용해요. 감자전분과는 달라요. 밀가루는 곰표 중력분을 사용했어요.

2

오전에 만들어 다음 날까지 냉장고에서 숙성시킨 반죽입니다. 멸치육수와 밀가루가 살짝 분리되어 있을 텐데 숟가락으로 잘 저어 줍니다.

3

숟가락으로 떴을 때 반죽 농도가 주르르 가볍게 흘러내리면 반죽이 잘된 상태입니다. 여기에 밀가루 적당히 떠서 2큰술을 넣고 거품기로 저어 줍니다. 반죽 농도가 살짝 걸쭉하게 딱 맞아떨어집니다.

4

홍새우나 두절새우 1줌을 잘게 다져 줍니다.

5

3번의 반죽에 마른 홍새우나 두절새우 다진 것을 넣어 줍니다. 야채부침개에는 꼭 마른 홍새우나 두절새우를 넣어야 감칠맛이 나요.

A의 부침개 반죽을 미리 만들어 김치냉장고에 숙성시켜 놓으면 언제든 편하게 김치부침개나 야채부침개를 부칠 수 있습니다. 김치냉장고에 3일간 두었던 반죽입니다. 대략 1컵(200ml) 분량입니다.

6번의 반죽에 백령도 까나리액젓 1큰술 반과 밀가루 1큰술 반을 넣고 섞어 줍니다. 김치부침개와 달리 야채부침개는 꼭 간을 해 줘야 합니다. 아이들도 먹기 좋기 좋은 심심한 간입니다.

애호박 1/2~1/3개(두께와 크기에 따라 조절), 당근 아주 조금, 양파 1/2개, 청양고추 2~3개를 아주 가늘게 채 썰어 줍니다.

✛ 이때 야채가 너무 두꺼우면 밀가루는 먼저 익고 야채는 잘 익지 않아 뒤집을 때 찢어질 수 있습니다.

7번의 반죽에 8번의 야채를 모두 넣고 가볍게 뒤적여 줍니다.

중불과 약불 사이에서 잔잔하게 예열한 팬에 식용유 3~4큰술을 두르고 7번의 부침개 반죽 두 국자를 넣습니다.

국자로 너무 두꺼워지지 않게 밖으로 살살 밀어 주듯 고루 펴 줍니다. 이때 가스레인지의 큰 화구에서 중불과 약불 사이를 유지합니다.

전체적으로 부침개 반죽의 흰 부분이 20~30% 정도 빼고 나머지가 익었을 때 부드러운 실리콘 뒤집개로 뒤집어 줍니다.

뒤집은 뒤 바로 찍은 모습입니다. 타지 않고 잘 익었습니다. 이때 꼭 식용유 1~2큰술을 더 추가해 주세요. 2분간 더 익히면 겉은 바삭바삭, 속은 도넛처럼 쫀득쫀득한 상태가 됩니다.

2분 후 다시 뒤집은 모습입니다.

✚ 무쇠팬이나 4구 팬보다 부침개는 일반 프라이팬에서 잘됩니다. 무쇠팬은 설거지하기 불편하고 4구 팬은 인위적인 동그란 모양이라 맛없어 보여요.

사진을 보니 또 먹고 싶네요.

적당한 두께에 겉은 바삭바삭, 속은 쫀득쫀득해요.

부침개는 바로 부쳐서 뜨거울 때

먹어야 한다는데 이 부침개는

완전히 식힌 후 먹는 게 67배는 더 맛있어요.

도넛 식감이 확실히 살아나요.

간식으로 밥반찬으로 김치부침개를 부쳐 보세요.

숙성시킨 반죽의 힘을 느낄 수 있을 거예요.

김치부침개

INGREDIENT

3장 분량

- ☐ 신김치 180~200g(1/4포기)
- ☐ 양파 1/2개(중간 크기)
- ☐ 마른 홍새우(또는 두절새우) 1줌
- ☐ 밀가루 넉넉히
- ☐ 식용유 넉넉히

김치 밑간
- ☐ 저염간장 2큰술
- ☐ 맛술 2큰술

- ☐ 조청 1큰술
- ☐ 참기름 1큰술
- ☐ 고춧가루 1작은술

✚ 군내 나고 맛없는 신김치여도 괜찮아요.

A의 부침개 반죽
- ☐ 멸치육수 1컵 반(300ml)
- ☐ 밀가루 1컵(중력분 200ml)
- ☐ 옥수수전분 듬뿍 1큰술
- ☐ 찹쌀가루 듬뿍 2큰술

✚ 밀가루 계량할 때 정확히 깎아서 1컵(200ml)입니다.

HOW TO MAKE

〔 오전에 밑작업하기 〕

볼에 멸치육수 1컵 반(300ml), 밀가루 1컵(중력분 200ml), 옥수수전분 듬뿍 1큰술, 찹쌀가루 듬뿍 2큰술을 넣고 미리 섞어 A의 부침개 반죽을 만듭니다. 랩을 씌워 최소한 3~4시간 냉장고에서 숙성시킵니다.

✚ 냉장고에서 하룻밤 정도 숙성시키면 가장 맛있는 상태가 됩니다. 밀가루 냄새도 안 나고 반죽의 농도가 딱 맞아떨어지거든요. 부침개를 할 때 이 숙성 과정이 중요합니다. 대개 손쉽게 시판 부침가루를 사용하는데, 베이킹파우더를 비롯해 첨가물이 많이 들어가 있어 반죽해서 바로 부쳐도 맛이 나는 거랍니다. 저는 오전 중에 A의 부침개 반죽을 미리 섞은 후 냉장고에 넣어 오후나 그다음 날 사용합니다.

✚ 쫀득쫀득 바삭한 부침개를 원한다면 옥수수전분을 꼭 넣어야 해요. 저는 오뚜기 옥수수전분가루를 사용해요. 감자전분과는 달라요. 밀가루는 곰표 중력분을 사용했어요.

김치는 김장김치, 신김치, 시판 김치 등 무엇이든 깨끗하게 씻어 물기를 꽉 짠 상태에서 150~180g 정도 (대략 1/4포기) 준비합니다. 김장김치가 너무 짜면 송송 썬 상태에서 찬물에 20분 정도 담가 짠맛을 빼고 사용하세요.

볼에 3번의 송송 썬 김치를 담고 저염간장 2큰술, 맛술 2큰술, 조청 1큰술, 참기름 1큰술, 고춧가루 1작은술을 넣어 조물조물 버무려 밑간합니다.

➕ 김치를 너무 크게 썰면 부침개를 먹었을 때 김치 맛이 많이 나서 별로입니다.

4번에 랩을 느슨하게 씌운 후 전자레인지에서 3~4분간 돌려줍니다. 간단하게 볶음김치가 됩니다. 이렇게 하면 김치가 맛있어집니다.

➕ 저는 3분 30초 돌렸는데 정말 맛있는 볶음김치가 되었습니다. 이 상태로 김치볶음밥을 해도 맛있어요.

6

오전에 미리 냉장고에 넣어 숙성시킨 A의 부침개 반죽입니다. 멸치육수와 밀가루가 살짝 분리되어 있을 텐데 숟가락으로 고루 저어 줍니다.

7

숟가락으로 떴을 때 반죽 농도가 주르르 가볍게 흘러내리면 반죽이 잘된 상태입니다. 여기에 밀가루 적당히 떠서 2큰술을 넣고 거품기로 저어 줍니다. 반죽 농도가 살짝 걸쭉하게 딱 맞아떨어집니다.

8

홍새우나 두절새우 1줌을 잘게 다져 줍니다.

9

7번의 반죽에 마른 홍새우나 두절새우 다진 것을 넣어 줍니다.

양파 1/2개(중간 크기)를 반으로 자른 후 아주 가늘게 채 썰어 줍니다. 양파가 너무 두꺼우면 부침개를 뒤집을 때 잘 찢어집니다.

9번의 반죽에 채 썬 양파와 오전에 만든 5번의 간단 김치볶음을 넣고 섞으면 맛있는 김치부침개 반죽이 완성됩니다. 26~28cm 크기의 팬에 김치부침개 3장이 나오는 분량입니다.

✚ 3장을 한 번에 다 굽지 않을 때는 양파, 볶음김치와 반죽을 절반만 섞고 남은 재료들은 각각 따로 용기에 담아 냉장고에 넣어 두고 다음에 부쳐 먹으면 됩니다.

중불과 약불 사이에서 잔잔하게 예열한 팬에 식용유 3~4큰술을 두르고 11번의 부침개 반죽 두 국자를 넣습니다.

국자로 너무 두꺼워지지 않게 밖으로 살살 밀어 주듯 고루 펴 줍니다. 이때 가스레인지의 큰 화구에서 중불과 약불 사이를 유지합니다.

14

전체적으로 부침개 반죽의 흰 부분이 20~30% 정도
빼고 나머지가 익었을 때 부드러운 실리콘 뒤집개로
뒤집어 줍니다.

✦ 이 정도 익었을 때 뒤집으면 찢어지기 쉬워요. 뒤집는 타이밍을 모
르면 일찍 뒤집다가 찢어지거나 늦게 뒤집어 시커멓게 타거나 둘 중
하나입니다.

15

뒤집은 뒤 바로 찍은 모습입니다. 타지 않고 잘 익었
습니다. 이때 꼭 식용유 1~2큰술을 더 추가해 주세
요. 2분간 더 익히면 겉은 바삭바삭, 속은 도넛처럼
쫀득쫀득한 상태가 됩니다.

16

2분 후 다시 뒤집어서 찍은 모습입니다. 정말 굿 타
이밍에 뒤집어 맛도 모양도 다 굿입니다. 부침개를
할 때 기름을 아끼지 말고 넉넉히 둘러 주세요.

깻잎순조림

Recipe 20

초보 주부님들은 은근 나물 반찬을

귀찮아하시는 경우가 많더라고요.

깻잎순조림은 만드는 과정이 복잡하지 않고 간단해서

누구나 쉽게 만들 수 있으니 두전하세요.

조림장이 자작해지도록 조려내면 은근 밥도둑이랍니다.

□ 깻잎순 1봉지(마트 기준)

□ 국물용 멸치 10마리 정도

□ 들기름 약간

조림장

□ 멸치육수 1컵

□ 저염간장 2큰술

□ 조선간장 1큰술

□ 맛술 1큰술

□ 조청 1작은술

□ 다진 마늘 1작은술

HOW TO MAKE

볼에 멸치육수 1컵, 저염간장 2큰술, 조선간장 1큰술, 맛술 1큰술, 조청 1작은술, 다진 마늘 1작은술을 넣고 미리 배합해 줍니다.

멸치는 내장과 머리를 제거하고 잘게 찢어 줍니다.
듬성듬성 가위로 잘라도 됩니다.

3

깻잎순은 질긴 대 부분은 제거하고 잎만 사용할게 요. 손질한 깻잎순은 깨끗하게 씻어서 체에 밭쳐 물 기를 뺍니다.

4

팬에 1번의 조림장, 깻잎순, 멸치를 넣고 중불과 약 불 사이에서 자박자박하게 조립니다. 이때 조림장을 너무 바짝 조리지 마세요.

5

조림장이 자작자작해지면 불을 끄고 마무리합니다. 마지막에 들기름을 살짝~ 뿌려 주세요.

✚ 깻잎순조림은 조림장이 살짝 남아 있어야 촉촉하게 먹을 수 있습 니다.

매콤한 고추장 양념장에 조린 감자를

하얀 밥 위에 올려 먹으면 다른 반찬이 필요 없어요.

쓱쓱 비벼 먹어도 한 그릇 뚝딱입니다.

많이 만들어 두면 편하고 좋겠지만

딱 한 끼 먹을 만큼만 만드세요.

냉장고에 들어가는 순간 감자의 전분기가 딱딱해지면서

원하던 감자 맛을 절대 느낄 수 없거든요.

고추장감자조림

INGREDIENT

□ 감자 1개(250g)

□ 오일 1큰술

A의 감자 밑간

□ 오일 2큰술

□ 소금 약하게 1~2꼬집

B의 감자조림 양념장

□ 멸치육수 50ml

□ 고추장 듬뿍 1큰술

□ 고춧가루 1큰술

□ 저염간장 2큰술

□ 맛술 3큰술

□ 백령도 까나리액젓 1작은술

□ 다진 마늘 1작은술

□ 꿀 1작은술

□ 조청 1작은술

HOW TO MAKE

크기가 큰 감자 1개가 대략 250~270g입니다. 크기가 작은 감자라면 1개 반을 사용하면 됩니다.

감자는 필러로 껍질을 벗긴 후 4등분하여 살짝 도톰하게(0.5~0.7cm) 납작썰기 합니다.

감자를 물에 가볍게 헹군 다음 탁탁 털어 물기를 제거합니다. 감자를 물에 씻지 않고 그대로 고추장 양념장에 조리면 타거나 모양이 다 부서져 곤죽이 될 수 있어요.

물기 뺀 감자에 오일 2큰술과 고운 소금을 약하게 1~2꼬집 넣어 2~3분간 밑간을 합니다.

4

볼에 멸치육수 50ml, 고추장 듬뿍 1큰술, 고춧가루 1큰술, 저염간장 2큰술, 맛술 3큰술, 백령도 까나리 액젓 1작은술, 다진 마늘 1작은술, 꿀 1작은술, 조청 1작은술을 넣고 고루 섞어 B의 감자조림 양념장을 만듭니다.

5

달군 팬에 오일 1큰술을 두르고 3번의 감자를 넣고 겉면이 노릇노릇해지도록 중불에서 3~4분간 볶아 줍니다.

✚ 먼저 감자를 볶아 주면 조리는 동안 모양이 부서지지 않고 바닥에 눌어붙지 않아요. 겉은 쫀득하게, 속살은 포슬포슬하게 조려질 거예요.

6

감자 겉면이 노릇노릇해지면 B의 감자조림 양념장을 모두 넣습니다.

7

양념장이 바글바글 끓어오를 때까지 주걱으로 뒤적여 줍니다.

8

양념장이 끓어오르면 순간 크기의 회구로 옮겨 이주 약한 불에서 뚜껑을 닫고 2분간만 더 조립니다.

9

2분 후 뚜껑을 열면 양념장이 사삭자삭 조려져 있습니다. 감자 모양이 부서지지도 않고 눌어붙은 것도 없이 간도 딱 알맞게 떨어질 거예요.

더운 여름철 찬거리가 마땅치 않을 때

고마운 밥반찬이에요.

무더위에 지친 아이들이 밥투정할 때 만들어 주면

달아났던 입맛이 다시 돌아옵니다.

닭고기와 감자가 달착지근한 조림장에 잘 조려져

그대로 밥 비벼 먹어도 좋고 볶아 먹어도 정말 맛있어요.

닭고기감자조림

INGREDIENT

어린이 2~3인분

□ 닭다리 정육 3장(200~220g)
□ 감자 1개(중간 크기 200g)
□ 오일 1큰술
□ 찹쌀가루 1큰술

A의 감자 밑간 양념
□ 오일 1큰술
□ 소금 1꼬집

B의 닭고기 밑간 양념
□ 후추 약간
□ 소금 1꼬집
□ 생강술 1큰술

C의 감자조림 양념장
□ 멸치육수 100ml
□ 저염간장 4큰술
□ 백령도 까나리액젓 2큰술
□ 맛술 3큰술
□ 생강술 2큰술
□ 조청 2큰술
□ 통마늘 4~5톨
□ 레몬 1/4쪽(생략 가능)

HOW TO MAKE

중간 크기 감자(200g 정도)는 껍질을 벗겨 큼직하게
깍둑썰기 합니다.

볼에 감자를 담고 오일 1큰술과 소금 1꼬집을 넣어
살살 버무려 밑간합니다.

당근정말시러의 맛 보장 반찬 특강

통마늘 4~5톨은 두세 조각이 나오게 편으로 썹니다.

볼에 멸치육수 100ml, 저염간장 4큰술, 백령도 까나리액젓 2큰술, 맛술 3큰술, 생강술 2큰술, 조청 2큰술을 넣습니다. 여기에 편으로 썬 마늘과 레몬 1/4쪽도 대강 썰어 넣은 후 고루 섞어 C의 감자조림 양념장을 만듭니다.

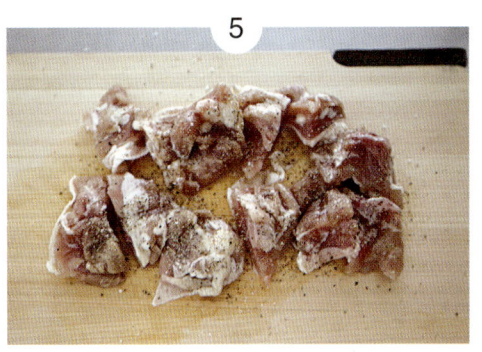

닭다리 정육 3장을 준비해 각각 4등분으로 자른 후 후추 약간, 소금 1꼬집, 생강술 1큰술을 넣어 잡내를 잡아 줍니다.

달군 팬에 오일 1큰술을 두른 후 2번의 감자를 넣고 중불에서 3~4분간 겉면이 노릇해지도록 볶습니다. 먼저 감자를 볶아야 푹 조려도 감자가 뭉개지지 않아요.

감자의 겉면이 노릇해지면 5번의 밑간한 닭고기를 모두 넣고 찹쌀가루 1큰술을 솔솔 뿌려 줍니다.

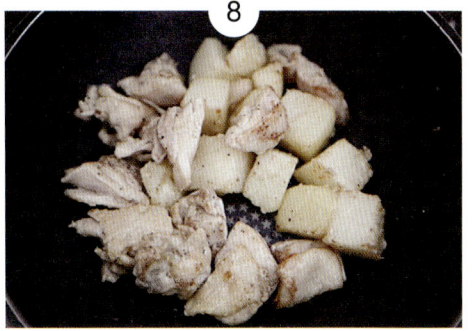

닭고기 겉면이 바삭해질 때까지 중불에서 볶습니다. 대략 2~3분간 볶으면 닭고기와 감자 겉면이 사진처럼 갈색을 띠면서 바삭바삭하게 익습니다.

8번에 C의 감자조림 양념장을 모두 넣어 줍니다.

양념장이 전체적으로 바글바글 끓어오르면 뚜껑을
닫아 줍니다.

10번을 중간 크기 화구로 옮겨 감자와 닭고기에 간
이 쏙 배도록 약불에서 5~6분간 조립니다.

5~6분 후 뚜껑을 열면 윤기가 흐르면서 조림장이 바
특하게 졸아 있습니다. 감자가 덜 익었다 싶으면 뚜
껑을 닫고 2분간만 약불에서 더 졸이면 됩니다.

당근정말시러의 맛 보장 반찬 특강

Recipe 23

찜솥에 쪄야 하는 부담이 있긴 하지만

만들어 놓으면 절대 후회하지 않는 반찬이에요.

제가 아주 사랑하는 반찬 중 하나인데

번거롭긴 해도 맛있어서 절대 포기할 수 없지요.

꽈리고추의 식감을 살리려면

찜솥에서 딱 5분간 찌는 것이 중요해요.

INGREDIENT

□ 꽈리고추 1봉지(150g)
□ 밀가루 듬뿍 2큰술
□ 들깻가루 1큰술

A의 꽈리고추찜 양념장

□ 저염간장 2큰술
□ 맛술 1큰술
□ 고춧가루 1큰술
□ 백령도 까나리액젓 1작은술
□ 조청 1작은술
□ 참기름 2큰술
□ 들깻가루 1큰술(취향껏 추가)

HOW TO MAKE

1

꽈리고추는 꼭지를 정리하여 깨끗하게 씻은 후 체에 담아 물기를 탈탈 털어 줍니다.

2

1번의 꽈리고추에 살짝 물기가 남아 있을 때 밀가루 듬뿍 2큰술을 넣고 살살 버무립니다.

3

꽈리고추에 밀가루를 묻힌 후 들깻가루 1큰술을 넣고 다시 버무려 줍니다.

✚ 경상도에서는 들깻가루 대신 콩가루를 넣기도 해요.

4

찜솥에 물을 부어 팔팔 끓으면 3번의 꽈리고추를 채반에 올려 넣습니다. 뚜껑을 닫은 후 센불에서 5분간 쪄 줍니다. 알람을 맞혀 정확하게 5분간만 찌는 것이 중요합니다.

✚ 꽈리고추찜은 찌는 시간이 전부라고 해도 과언이 아니에요. 너무 오래 찌면 흐물흐물해지고, 너무 덜 찌면 밀가루 냄새가 나기 때문입니다. 식감을 잘 살리려면 5분간 찌는 것이 딱 좋습니다.

5

꽈리고추를 찌는 동안 A의 꽈리고추찜 양념장을 만들어 놓습니다. 저염간장 2큰술, 맛술 1큰술, 고춧가루 1큰술, 백령도 까나리액젓 1작은술, 조청 1작은술, 참기름 2큰술을 볼에 담고 배합해 줍니다.

6

5분 후 알람이 울리면 4번의 꽈리고추를 찜솥에서 꺼내 5번의 양념장을 넣습니다. 고소한 들깨의 풍미를 좋아하면 들깻가루 1큰술을 더 추가해 버무려 줍니다.

궁합이 좋은 꽈리고추와 마늘종을

찐득한 고춧가루 양념으로 버무렸어요.

꽈리고추찜은 식구들이 다 좋아하는 반찬인데

쪄내는 과정이 좀 귀찮아서 솔직히 하기 싫을 때가 많죠.

나 혼자 먹는 밥상이라면 요렇게 귀한 반찬은

절대 안 한다는 걸 식구들은 알란가 모르겠어요.

꽈리고추마늘종찜

INGREDIENT

□ 꽈리고추 1/2봉지

□ 마늘종 8가닥

□ 밀가루 2큰술

□ 참기름 약간

양념장

□ 고춧가루 1큰술

□ 저염간장 2큰술

□ 조선간장 1큰술

□ 물엿 1작은술

□ 참기름 1큰술

□ 다진 마늘 1/2작은술

HOW TO MAKE

꽈리고추는 깨끗하게 씻어 꼭지를 제거하고, 마늘종도 먹기 좋게 잘라 줍니다.

채소에 물기가 있을 때 밀가루 2큰술을 넣고 가볍게 버무려 줍니다. 저는 밀가루가 많이 묻은 것이 좋아서 꽈리고추, 마늘종의 물기를 빼지 않고 바로 밀가루옷을 입혔어요.

고춧가루 1큰술, 저염간장 2큰술, 조선간장 1큰술, 물엿 1작은술, 참기름 1큰술, 다진 마늘 1/2작은술을 미리 배합해 줍니다.

당근정말시러의 맛 보장 반찬 특강

냄비의 물이 끓기 시작하면 찜기에 밀가루옷을 입힌 꽈리고추와 마늘종을 넣고 뚜껑을 닫은 후 딱 5분 정도 익혀 주세요.

➕ 좀 풋풋한 식감을 좋아하면 3분 정도만 익혀 주세요.

4번의 꽈리고추와 마늘종은 한 김 식힌 다음 3번의 양념장을 넣고 버무려 줍니다. 다 버무린 다음 참기름 1~2방울을 넣어 주세요.

Special page 01

한식 고명용 삼색나물

비빔밥이나 잔치국수, 만둣국 등에 올리면 맛으로, 색감으로 입

맛을 돋우는 고명이에요. 표고버섯, 애호박, 양파로 쉽게 만들어

서 사용할 수 있어요. 셋 다 소금에 살짝 절였다가 들기름에 볶기

만 하면 되는데, 재료 특유의 단맛과 향이 제대로 살아납니다. 주

요리의 맛을 업그레이드하는 주연 같은 조연이에요.

4~5인분

고명용 표고버섯나물
☐ 생표고버섯 5개
☐ 곱게 간 천일염 1/3작은술(3꼬집 정도)
☐ 들기름 1큰술

고명용 애호박나물
☐ 인큐애호박 1개

☐ 곱게 간 천일염 1/2작은술(4꼬집 정도)
☐ 들기름 2큰술

고명용 양파나물
☐ 양파 1개(중간 크기 이상)
☐ 곱게 간 천일염 1/3작은술(3꼬집 정도)
☐ 들기름 1큰술

HOW TO MAKE

〔 고명용 표고버섯나물 만들기 〕

생표고버섯 5개를 하루 정도 꾸덕꾸덕하게 반건조로 말렸다가 냉동 보관하여 사용합니다.

✚ 저는 바짝 마른 건표고버섯은 절대 구입하지 않아요. 가끔 냄새가 안 좋기도 하고 표고 향이 너무 강해서 다른 재료의 맛을 가리기도 하거든요. 생표고버섯은 식감은 좋지만 향이 약하고 냉장실에 보관하면 일주일 만에 곰팡이가 피기도 해요. 그 중간인 반건조 표고버섯은 사용하기에 편하고 은은한 향과 적당한 식감이 딱 알맞아요.

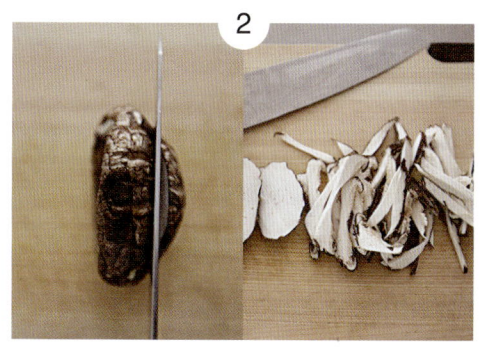

2

1번의 반건조(또는 생표고버섯) 표고버섯은 2~3등
분으로 포를 뜬 후 가늘게 채 썰어 줍니다.

3

2번의 채 썬 표고버섯을 볼에 담고 곱게 간 천일
염 1/3작은술(2~3꼬집)을 넣어 조물조물 버무려
10~15분 동안 밑간을 합니다.

4

예열한 팬에 3번의 표고버섯을 넣고 중불과 약불 사
이에서 30초 정도 서서히 볶다가 들기름 1큰술을 넣
어 약불에서 4~5분간 서서히 볶아 줍니다.

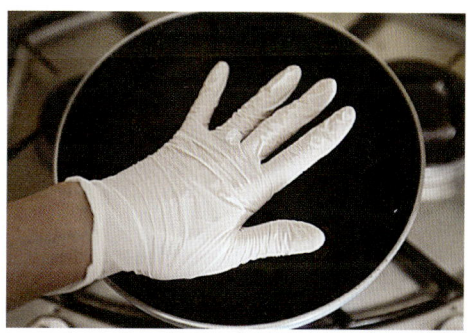

✚ 예열한 팬에 따뜻한 열기가 팍팍 느껴질 때 표고버섯을 넣으세요.
들기름은 표고버섯을 살짝 볶은 후에 넣으세요. 그래야 표고버섯이
들기름을 바로 흡수해 버리지 않거든요.

5

4~5분 후 불을 끕니다. 은은한 표고버섯 향이 식욕
을 부릅니다.

[고명용 애호박나물 만들기]

꼭 반드시 인큐애호박을 사용합니다. 노지 애호박보다 씨와 수분이 적어서 잘 무르지 않기 때문입니다. 인큐애호박 1개를 슬라이스 채칼로 얄팍하게 밀어 줍니다.

1번의 애호박을 가지런히 도마 위에 올린 후 최대한 가늘게 채 썰어 줍니다.

볼에 2번의 채 썬 애호박을 담고 곱게 간 천일염 1/2 작은술(4~5꼬집)을 넣어 가볍게 뒤적여 줍니다. 5~10분 동안 그대로 두어 나른하게 숨을 죽입니다.

예열한 팬에 따뜻한 열기가 팍팍 느껴질 때 3번의 애호박에서 빠져나온 수분까지 다 넣고 센불과 중불 사이에서 들기름 2큰술을 넣어 볶습니다. 들기름을 먼저 넣고 팬을 예열하면 들기름이 타므로 주의하세요.

뒤집개 없이 부침개 뒤집듯 팬의 손잡이를 잡고 손목의 스냅으로 20초에 한 번씩 슥슥 흔들어 가며 2분 정도 익힙니다.

✚ 들기름을 넣은 후부터 절대 주방용 뒤집개나 주걱 등은 사용하지 마세요. 도구로 애호박을 볶으면 애호박이 곤죽이 됩니다.

2분 후 불을 끕니다. 애호박이 덜 익은 게 아닌가 싶어 1~2분간 더 익히면 곤죽이 되므로 미련 없이 불을 끄고 반찬통에 옮겨 담습니다.

〔 고명용 양파나물 만들기 〕

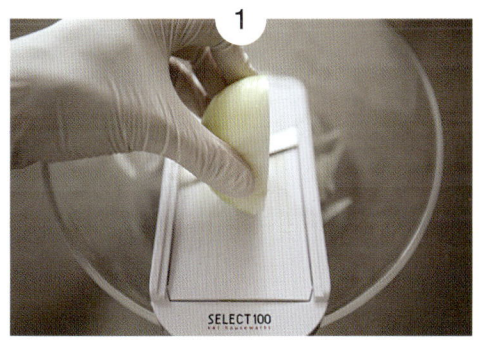

양파 1개를 양쪽 끝부분을 깔끔하게 제거한 후 절반으로 잘라 슬라이스 채칼로 슥슥 밀어 채 썰어 줍니다.

볼에 1번의 양파를 담고 곱게 간 천일염 1/3작은술 (3꼬집)을 넣어 조물조물 버무립니다. 5~10분 동안 그대로 두어 밑간을 합니다.

6분 정도 밑간을 했는데 양파가 나른하게 숨이 죽었어요.

달군 팬에 따뜻한 열기가 팍팍 느껴질 때 3번의 양파를 국물까지 모두 넣고 중불과 약불 사이에서 30초간 볶다가 들기름 1큰술을 넣습니다. 4분 정도 서서히 좀 더 볶아 줍니다. 사각거리는 식감과 굉장한 단맛을 느낄 수 있어요.

✚ 양파는 섬유질이 있어서 주방용 주걱으로 뒤적이며 볶아도 괜찮습니다. 너무 뒤적이지는 말고 15~20초에 한 번씩 뒤적이며 꼼꼼하게 볶아 줍니다. 매운맛이 사라지고 단맛이 쭉 올라옵니다. 단, 센불에서 볶으면 안 됩니다. 그러면 양파가 골드브라운 빛을 띱니다.

Special page 02

허니레몬 겨울무

이렇게 맛있어도 되나요? 상큼하고 시원한 맛에 마구마구 퍼먹

게 돼요. 허니레몬 양파절임과는 또 다른 매력의 허니레몬 겨울

무. 가을, 겨울에 나오는 무에는 고기보다 영양이 더 많다고 해요.

단단하고 단맛이 강해 어떤 요리에도 잘 어울리지만 이렇게 피

클로 만들어 두면 온 가족 건강을 챙기면서 입맛을 돋울 수 있어

요. 고기요리를 먹을 때 함께 내면 좋아요.

□ 큰 무 1/2토막(30cm 크기, 750~800g)

□ 레몬 3개(중간 크기, 레몬이 엄청 크면 2개)

□ 곱게 간 천일염 2작은술

✚ 채칼이 꼭 필요해요.

□ 저렴한 사양꿀 2큰술

□ 올리브오일 2큰술

□ 후추 약간

HOW TO MAKE

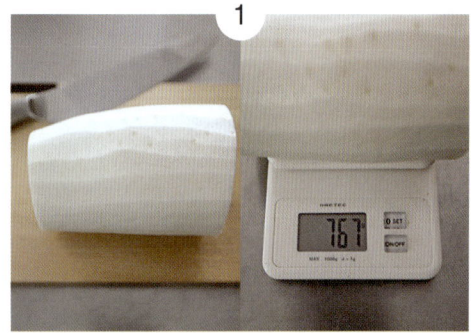

큰 무 1개(대략 30cm 크기)를 1/2토막을 내면 대략 750~800g 정도 됩니다.

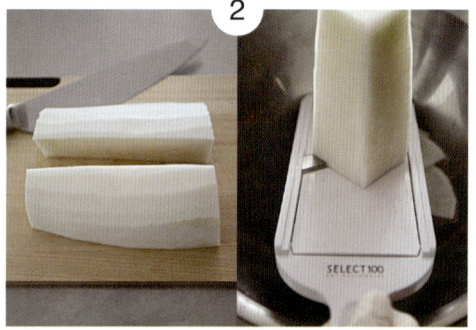

1번의 무를 열십자 모양(부채꼴)이 나오도록 4등분 한 후 채칼로 쓱쓱 밀어 줍니다. 꼭 채칼을 사용하 세요.

2번 무에 곱게 간 천일염 2작은술을 넣고 가볍게 버 무린 다음 10분간 절입니다.

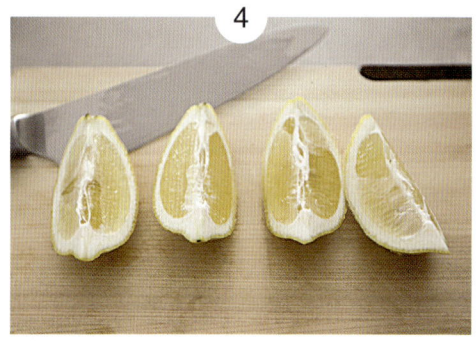

무를 절이는 동안 레몬 3개를 손질합니다. 크기가 작 으면 3개, 크면 2개를 사용해 사진처럼 4등분합니다.

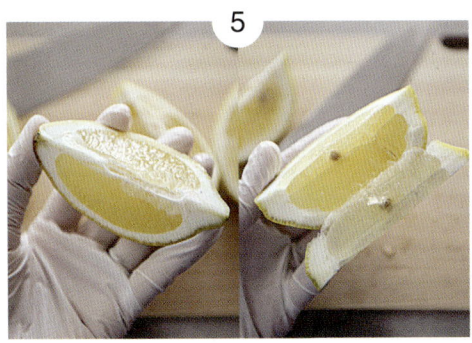

5

레몬의 하얀 테두리와 얇은 막은 칼로 살짝 도려냅니다. 레몬을 짜면 버릴 것 하나 없이 한 번에 쭉 즙이 쏟아집니다.

6

10분이 지나 3번의 무가 나른하게 절여지면 깨끗한 물에 딱 한 번만 가볍게 헹굽니다. 불필요한 염분을 제거하고 체에 받쳐 물기를 빼 줍니다.

7

6번의 무에 물기가 빠지면 5번 레몬즙과 꿀 2큰술, 올리브오일 2큰술, 후추 약간을 넣고 가볍게 버무린 다음 반찬통에 담습니다.

✚ 꿀은 저렴한 사양꿀이면 충분해요.

8

허니레몬 겨울무는 만들이시 바로 믹으면 섣대 맛이 없습니다. 적어도 냉장고에서 이틀은 숙성시켜야 상큼하고 시원한 맛이 납니다.

Special page 03

허니레몬 양파절임

한식이든 양식이든 어떤 음식과도 잘 어울려요. 동네 친구가 허니레몬 양파절임과 잡곡밥, 저염김치로 하루 두 끼를 먹으며 다이어트를 했는데 살이 쭉쭉 빠졌다고 합니다. 야식이 당길 때는 삶은 달걀에 허니레몬 양파절임을 듬뿍 올리기만 해도 맛있어요. 만들어서 바로 먹기보다 이틀째가 훨씬 더 풍미가 좋습니다. 도쿄의 미슐랭 스타 셰프의 레시피랍니다.

☐ 양파 2개(중간 크기)
☐ 레몬 1개
☐ 후추 약간

A의 허니레몬소스
☐ 레몬즙(레몬 1개분)
☐ 소금 1작은술
☐ 올리브오일 1큰술
☐ 꿀 1큰술

HOW TO MAKE

양파 2개(중간 크기)를 슬라이스 채칼로 밀어 채 썬 다음 차가운 물에 20여 분 담가 양파의 매운맛과 나쁜 맛을 제거합니다.

✚ 양파 담그는 물은 꼭 냉장고에 둔 찬물이나 정수기의 냉수를 사용하세요.

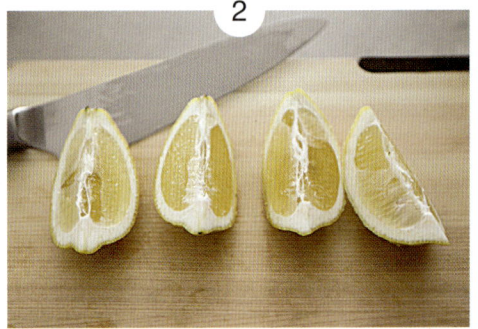

레몬 1개를 깨끗이 씻은 후 4등분해 줍니다.

레몬의 하얀 테두리 막은 칼로 살짝 도려내고 레몬즙을 짜 줍니다.

4

볼에 3번의 레몬 1개 분량의 레몬즙과 소금 1작은술, 올리브오일 1큰술, 꿀 1큰술을 넣고 숟가락으로 저어 소금을 녹여 줍니다.

5

1번의 양파를 체에 건져 2~3번 탁탁 쳐서 물기를 털어 줍니다.

6

굵은 후추 약간과 4번의 A의 허니레몬소스를 넣고 가볍게 버무려 줍니다.

✚ 후추를 즉석에서 갈아 사용하면 더 맛있어요.

7

완성된 6번을 반찬통에 담고 냉장고에 넣어 하루 이틀 숙성시킨 후 드세요. 상상 이상으로 깔끔하고 맛있어서 깜짝 놀랄 거예요.

✚ 이틀간 냉장 숙성시킨 허니레몬 양파절임입니다. 한 젓가락 듬뿍 먹어도 과일 먹는 것처럼 전혀 부담스럽지 않고 상큼해요.

Special page 04

알타리무피클

피클을 잘 담아 먹지 않지만 알타리무피클은 가끔 담아 먹어

요. 알타리무피클은 많이 달지도, 짜지도 않고, 아삭아삭한 식

감이 어떤 피클과도 비교할 수 없을 거예요. 꼭 담아 보세요. 그

맛에 100% 반할 거예요. 치킨을 먹을 때 알타리무피클을 곁들

이면 싱큼하게 입맛을 돋워요.

INGREDIENT

□ 알타리무의 무만 1단
□ 다시마 1조각
□ 구기자 조금

단촛물

□ 양조식초 2컵
□ 물 1컵
□ 설탕 1컵
□ 천일염 1큰술

HOW TO MAKE

냄비에 양조식초 2컵, 물 1컵, 설탕 1컵, 천일염 1큰
술을 넣어 줍니다.

✚ 꼭 양조식초입니다. 다른 종류의 식초는 산도가 완전 달라요.

저는 집간장+조선간장을 1/2컵 넣고 만드는 편인데
집집마다 집간장 염도가 다르니 깔끔하게 천일염으
로 넣고, 간장의 감칠맛을 대신해 줄 다시마 1조각을
넣어 줄게요.

구기자를 넣고 끓여 주세요. 구기자가 없으면 넣지
않아도 상관없어요.

✚ 이웃님들께서 구기자가 너무 비싸다고 하는데, 마트는 비싸더라
고요. 네이버에서 청양구기자를 검색하면 마트보다 질 좋은 구기자
를 저렴하게 구입할 수 있어요.

바글바글 끓어오르면 불을 꺼 줍니다. 저는 피클이
나 장아찌 담글 때 단촛물이 뜨거울 때 붓지 않아요.
한 김 식혀서 미지근할 때 부어 줍니다.

당근정말시러의 맛 보장 반찬 특강

5

알타리무 1단 중에 무만 사용할게요. 감자칼로 껍질을 벗겨 주세요.

6

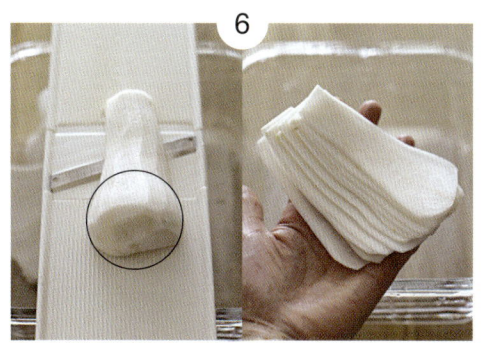

알타리무는 채칼로 슬라이스해 줍니다. 손을 베일수 있으니 반 정도만 슬라이스해 주세요. 방향은 사진처럼 놓고 동그라미 부분을 잡고 밀어 주세요.

7

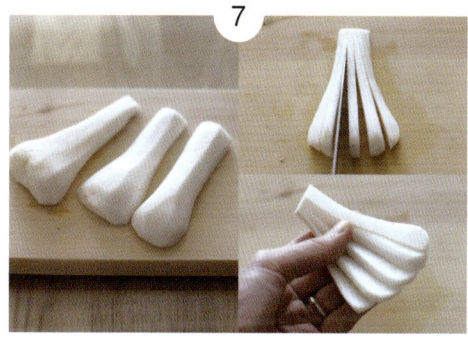

채칼로 밀고 남은 조각들은 끝부분 2~3cm만 남기고 칼집을 넣어 줍니다. 요렇게 작업해 놓으면 접시에 담아도 굉장히 얌전하고 예뻐요. 하나하나 뜯어먹을 수 있어 편합니다.

8

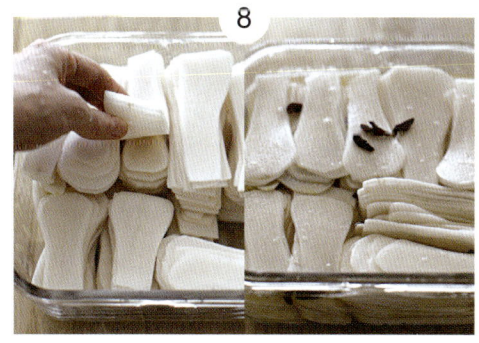

슬라이스한 알타리무는 가지런히 반찬통에 각잡아넣어 줍니다. 단촛물을 가득 채워서 붓지 말고 살짝자박자박하게 부어 줍니다. 시간이 지나면서 알타리무에서도 수분이 꽤 나오거든요.

9

알타리무 위에 무거운 접시를 하나 덮어 주세요. 알타리무는 조직노 난단하고 질겨서 적어도 3~4일은냉장 숙성시킨 후 먹습니다.

Special page 05

콘슬로

지팡이 할아버지네 가면 꼭 먹게 되는 콘슬로. 간단해 보여 집에서 만들어 보면 은근 그 맛이 안 나더라고요. 일본 셰프 할아버지가 소스 비율을 알려주셨는데 연유가 들어가더라고요. 치킨과 무의 궁합도 좋지만, 콘슬로와 닭의 궁합은 천상의 궁합이랍니다.

INGREDIENT

□ 옥수수캔 5~6큰술
□ 양배추 조금
□ 양파 1/2개

<u>소스</u>

□ 마요네즈 4~5큰술
□ 식초 1큰술
□ 레몬소금 1큰술
□ 소금 1/3작은술(3꼬집)
□ 연유 2작은술

HOW TO MAKE

양배추와 양파는 채칼로 썰어 줍니다.

양배추와 양파는 차가운 물(얼음물)에 담가 사각
사각한 식감을 줍니다. 저는 미리 채 썰어 냉장고에
30분 정도 넣어 두었어요.

✚ 물에 담가두었던 채소들은 꼭 채소 탈수기에 넣고 물기 없이 준비
해 줍니다. 키친타월에 올려서라도 뽀송하게 준비해요.

볼에 마요네즈 4~5큰술, 식초 1큰술, 레몬소금 1큰
술, 소금 1/3작은술, 연유 2작은술을 넣고 섞어 주세
요. 소금은 기호에 맞게 가감하고, 연유가 없으면 설
탕을 넣어도 됩니다.

볼에 준비한 2번의 채소와 옥수수캔, 소스를 넣고 버
무려 주세요.

Special page 06

감자채샐러드

제가 참 좋아하는 샐러드예요. 산미와 간이 딱 제 스타일이고,

먹고 있으면 그냥 행복해서 3일 내내 만들어 먹은 적도 있답니

다. 샐러드드레싱에 넣은 레몬이 몸 안의 불순물을 쫙쫙 빼 주

는 역할을 하니 잘 붓는 분들에게 추천하고 싶어요.

INGREDIENT

□ 감자 1개
□ 비타민 잎채소 조금
□ 양파 1/4개

샐러드드레싱

□ 레몬소금 2큰술
□ 올리브오일 2큰술
□ 설탕 1작은술
□ 양조식초 1큰술
□ 다진 마늘 1/2작은술
□ 소금 3꼬집
□ 후추 약간

HOW TO MAKE

볼에 레몬소금 2큰술, 올리브오일 2큰술, 설탕 1작은술, 양조식초 1큰술, 다진 마늘 1/2작은술, 다진 마늘 1/2작은술, 소금 3꼬집, 후추 약간을 넣고 미리 배합해 줍니다. 심플하고 특히 여성들의 몸에 딱 맞는 건강한 드레싱이라 제가 아주 좋아해요.

감자는 채칼을 이용해서 가늘게 채 썰어 줍니다.

3

2번의 감자는 끓는 물에 딱 30초만 데쳐줍니다. 깜빡하고 너무 오래 데치면 감자채의 아삭함이 사려저 그냥 망합니다!

4

데친 감자채는 찬물에 여러 번 헹구어 체에 밭쳐 물기를 빼 줍니다.

5

볼에 슬라이스한 양파, 데친 감자채, 비타민, 1번의 샐러드드레싱을 넣고 가볍게 버무려 주세요.

빛나는 조연 반찬

PART 02

SIMPLE SIDE DISHES

쉽고 빠르게!
맛보장 간단 반찬

감자만 조려도 되지만 소고기가 들어가면

풍미가 훨씬 좋아져요.

반찬통에 담아 냉장고에 두고 먹으면 되는데

조금씩 덜어서 먹을 때마다 전자레인지에

1분 혹은 1분 30초 정도 돌려서 먹으면

금방 만든 것처럼 맛있습니다.

달큼하고 짭조름한 맛에 특히 아이들이 좋아해요.

소 고 기 감 자 조 림

□ 감자 3개(중간 크기)

□ 감자전분 1큰술

□ 소고기 180~200g(불고기감)

□ 오일 3큰술

A의 감자조림 양념장

□ 멸치육수 1/2컵(100ml)

□ 맛술 50ml

□ 저염간장 50ml

□ 조청 50ml

□ 조선간장 2큰술

소고기 밑간

□ 감자전분 1작은술

□ 다진 마늘 1작은술

□ 저염간장 2큰술

□ 조선간장 1작은술

□ 후추 약간

□ 참기름 1큰술

HOW TO MAKE

감자 3개(중간 크기)를 필러로 껍질을 벗긴 후 깍뚝 썰기 합니다. 감자가 크다면 2개, 작다면 4개 정도로 수량을 조절하세요. 깍둑썰기를 크게 하면 설익을 수 있습니다.

1번의 깍둑썰기 한 감자를 볼에 담고 감자전분을 적 당히 1큰술을 넣어 튀김옷을 입히듯 조물조물 뒤섞 어 줍니다. 2~5분간 그대로 두면 감자 표면에서 수 분이 나오면서 감자전분이 엉켜 붙습니다.

3

볼에 멸치육수 1/2컵, 맛술 50ml, 저염간장 50ml, 조청 50ml, 조선간장 2큰술을 넣고 섞어 A의 감자조림 양념장을 만듭니다.

➕ 군더더기 없이 담백한 조림장이라 장조림이나 생선조림을 해도 맛이 좋습니다. 생선조림을 할 때는 다진 마늘 1큰술과 고춧가루 2~3큰술을 추가하세요.

4

볼에 소고기를 잘게잘게 썰어 담은 후 감자전분 1작은술, 다진 마늘 1작은술, 저염간장 2작은술, 조선간장 1작은술, 후추 약간, 참기름 1큰술을 넣고 조물조물 밑간을 합니다.

➕ 감자전분이 살짝 들어가면 바싹불고기처럼 고슬고슬하게 구워집니다.

5

궁중팬을 중불과 약불 사이에서 예열한 다음 오일 3큰술과 2번의 감자전분을 입힌 감자를 넣어 4~5분 동안 30초에 한 번씩 저어 주면서 감자를 미리 익혀 줍니다.

6

4~5분간 익히면 감자 겉면에 누룽지 같은 옷이 생길 거예요. 그러면 양념장에 오랫동안 조려도 모양이 뭉그러지지 않으면서 부드럽게 익힐 수 있어요.

6번에 밑간한 소고기를 넣고 센불로 불조절하여 소
고기가 뭉치지 않게 하나하나 풀어 주면서 익혀 줍
니다. 이때 소고기를 풀어 주지 않으면 양념장을 넣
는 순간 덩어리로 뭉쳐집니다.

소고기가 어느 정도 익으면 A의 감자조림 양념장을
모두 넣고 끓입니다.

바글바글 끓어오르면 화구가 작은 곳으로 옮겨 중불
과 약불 사이에서 8~10분 동안 서서히 조려 줍니다.

조림장이 살짝 남았을 때 불을 끕니다. 저는 대략 8
분 정도에 불을 껐어요. 감자랑 소고기 간을 보면 살
짝 달큼하면서 아이들이 좋아하는 맛이 납니다. 만
약 감자가 덜 익었다면 뚜껑을 닫고 1~2분간 약불에
서 좀 더 익히면 됩니다.

✚ 완성된 소고기감자조림은 냉장고에 넣어 두었다가 먹을 만큼만 꺼
내어 전자레인지에 1분~1분 30초 돌려서 따뜻하게 드세요.

미슐랭감자볶음

Recipe 02

저는 너무 익혀서 젓가락으로 잘 집어지지 않는

감자볶음은 안 좋아해요. 사각사각 씹히는,

맛과 모양이 살아 있는 감자볶음을 좋아하는데요.

생각보다 이렇게 만들기가 쉽지 않아요.

이런저런 방법을 시도해 봤지만 잘 안 되다가

마침내 방법을 찾았습니다.

이 방법으로 요리하니까 속까지 감자가 다 익으면서도

사각거리는 식감이 살아 있고 하루가 시나도

감자의 투명한 색감이 살아 있어요.

INGREDIENT

□ 감자 2개(중간 크기)

□ 양파 1/2개(중간 크기)

□ 청양고추 1~2개(생략 가능)

□ 당근 3조각(고명용)

□ 오일 2큰술

□ 백령도 까나리액젓 1큰술

□ 조청 1작은술

감자 밑간

□ 고운 소금 1/2작은술(2g 정도)

□ 식용유 듬뿍 1큰술 반

□ 감자전분 1작은술

HOW TO MAKE

청양고추 1~2개(매운맛이 싫으면 생략)는 반으로
갈라서 씨를 제거한 후 가늘게 채 썰어 줍니다. 양파
1/2개도 가늘게 채 썰어 줍니다.

✚ 고추를 반으로 가른 다음 물에 헹구어 주면 씨가 제거됩니다.

당근은 고명으로 사용하는데, 어떤 음식이든 당근
을 많이 넣으면 요리의 맛과 색감을 흐릴 수 있으니
슬라이스 채칼로 3~4조각만 준비하면 됩니다. 당근
3~4조각을 가늘게 채 썰어 줍니다.

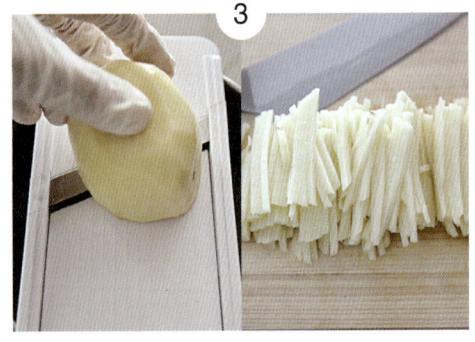

감자 2개를 슬라이스 채칼로 얇게 썰어 줍니다. 감자
가 왕만두처럼 크면 1개 반, 찐빵처럼 작으면 2개 반
이 적당합니다. 이 감자볶음은 가늘게 채 썰기가 맛
을 좌우합니다. 꼭 채칼을 이용해 주세요.

3번의 채 썬 감자를 찬물에 여러 번 헹궈 전분기를
빼 줍니다. 체에 밭쳐 물기를 없앱니다.

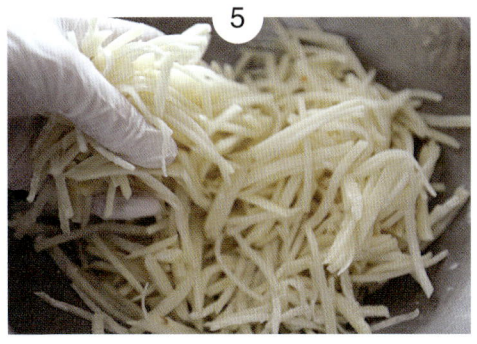

4번의 감자에 고운 소금 1/2작은술을 먼저 넣고 가볍게 뒤적입니다.

식용유 1큰술 반을 넣고 다시 한 번 뒤적입니다. 이 식용유 1큰술 반이 신의 한 수예요. 5분간 그대로 둡니다.

5분 후 감자가 나른하게 숨이 죽으면서 수분이 꽤 나왔을 거예요. 손바닥에 올려 대충 수분을 버린 다음 감자전분 1작은술을 넣고 조물조물 버무려 줍니다.

센불에서 예열한 팬에 오일 2큰술, 양파와 당근을 넣고 30초 정도 먼저 볶아 줍니다.

8번에 7번의 감자와 배럽도 까나리액젓 1큰술, 조청 1작은술을 넣어 중불과 약불에서 3~4분 더 볶아 줍니다.

3~4분 후 불을 끈 다음 마지막으로 청양고추를 넣고 가볍게 뒤적입니다. 고추는 팬의 남은 열기로 가볍게 익혀 주면 됩니다.

종종 마트에서 새송이버섯을 1+1로

할인 판매를 할 때가 있어요.

그 유혹을 어떤 주부가 쉽게 지나칠 수 있을까요?

새송이버섯은 며칠만 지나도 쉽게 물러질 수 있어

구입해서 바로 조리하는 것이 좋아요.

생각보다 볶기 힘들고 물이 많이 나와

간을 맞추기가 쉽지 않은데, 물기 나오지 않게

볶는 비법을 알려드릴게요. 차갑게 먹으면

잡채처럼 쫄깃쫄깃해서 더욱 맛있어요.

새송이버섯볶음

INGREDIENT

☐ 새송이버섯 2묶음(총 6개)
☐ 양파 1/2개
☐ 대파 1/2뿌리(흰 부분만)
☐ 오일 2큰술

A의 버섯볶음 양념장

☐ 멸치육수 3큰술
☐ 저염간장 3큰술
☐ 백령도 까나리액젓 1큰술
☐ 맛술 2큰술
☐ 다진 마늘 1큰술
☐ 찹쌀가루 듬뿍 2작은술

HOW TO MAKE

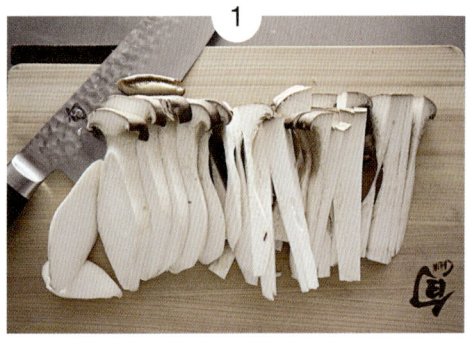

새송이버섯은 밑동을 제거하고 편으로 썬 다음 가늘게 채 썰어 줍니다.

양파 1/2개는 가늘게 채 썰고, 대파도 흰 부분으로 1/2뿌리를 사진처럼 길게 채 썰어서 준비합니다.

볼에 멸치육수 3큰술, 저염간장 3큰술, 백령도 까나리액젓 1큰술, 맛술 2큰술, 다진 마늘 1큰술, 찹쌀가루 듬뿍 2작은술을 넣고 고루 섞어 A의 버섯볶음 양념장을 만듭니다.

✚ 찹쌀가루는 버섯에서 수분이 나오지 않게 막아 주고 간이 잘 배게 도와줍니다. 양념 농도를 맞출 때 한식에서는 찹쌀가루를, 중식에서는 감자전분을 주로 사용합니다. 찹쌀가루가 없다고 감자전분을 넣으면 절대 안 돼요.

4

큼직한 내열 볼에 1번의 새송이버섯을 모두 넣고 공기가 통하도록 랩을 느슨하게 씌웁니다. 전자레인지에서 처음엔 2분, 위아래 위치를 바꾸어 다시 2분을 더 돌립니다. 총 4~5분입니다.

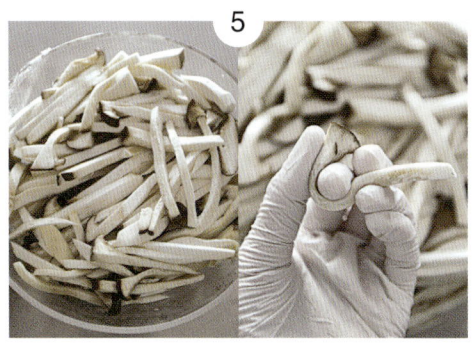

5

총 4분을 돌리면 사진처럼 새송이버섯의 숨이 죽어 있습니다.

✚ 이렇게 하지 않고 팬에 바로 볶으면 생각보다 쉽게 숨이 죽지도 않고 간도 잘 배지 않아요.

6

예열한 팬에 오일 2큰술을 두르고 채 썬 양파와 대파를 넣고 센불과 중불 사이에서 1분간 볶습니다.

7

양파와 대파가 나른하게 볶아지면 5번의 새송이버섯을 넣고 3번의 A의 버섯볶음 양념장을 모두 부어 줍니다.

8

센불에서 20~30초 정도 볶으면 바로 양념이 걸쭉해지면서 새송이버섯에 양념이 착 달라붙기 시작합니다. 40초를 넘기지 않고 미련 없이 바로 불을 끕니다.

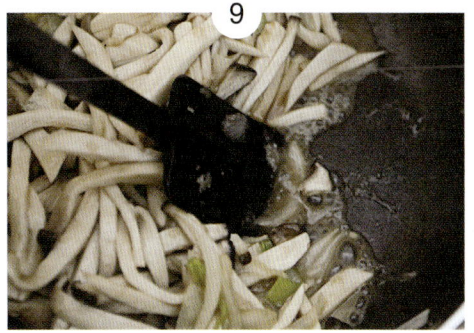

9

수분은 거의 나오지 않을 거예요. 간을 보면 짜지도 싱겁지도 않게 딱 알맞습니다. 만약 싱겁다면 백령도 까나리액젓 1작은술을 추가하세요.

으레 감자볶음 하면 감자만 넣고 볶기 마련인데

새송이버섯을 넣으면 감자와 궁합이 환상적입니다.

새송이버섯에서 적당히 수분이 나와

감자가 눌어붙지 않고 쫄깃한 버섯의 식감이

감자와 잘 어우러지지요.

저에게 여름날 해 먹는 감자볶음은

아련한 추억의 반찬이에요.

끈적거리는 습도 높은 여름날

시원한 보리차 같은 반찬입니다.

새송이감자볶음

☐ 감자 2개(중간 크기)

☐ 새송이버섯 2개

☐ 양파 1/2개(중간 크기)

☐ 청양고추 2~3개(생략 가능)

☐ 오일 3~4큰술(올리브오일 제외)

감자볶음 양념장

☐ 백령도 까나리액젓 1큰술 반

☐ 맛술 2큰술

☐ 멸치육수 5큰술

☐ 다진 마늘 1작은술

☐ 오일 1큰술(올리브오일 제외)

HOW TO MAKE

볼에 백령도 까나리액젓 1큰술 반, 맛술 2큰술, 멸치 육수 5큰술, 다진 마늘 1작은술, 오일 1큰술을 넣고 미리 배합해 줍니다.

➕ 요리의 기본은 언제나 기본 양념장을 미리 만들어 놓는 것입니다. 그래야 정확한 맛이 나오고 나중에 싱겁거나 짜면 보완할 수 있어요.

감자 2개는 필러로 껍질을 벗긴 후 1~2분간 물에 담 가 전분기를 제거합니다.

물에 담갔다가 꺼낸 감자를 살짝 도톰하게 0.5~ 0.7cm 두께로 채 썰어 줍니다.

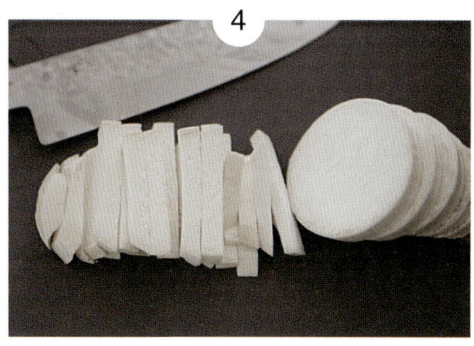
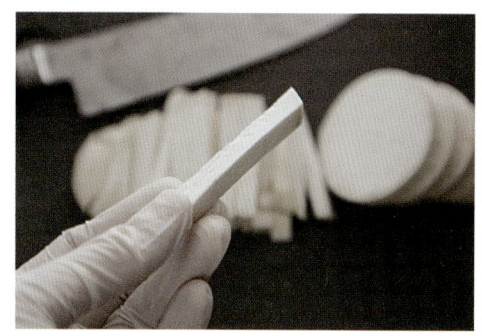

새송이버섯 2개도 감자와 비슷한 크기와 두께로 채
썰어 줍니다.

✚ 감자를 볶을 때 새송이버섯을 같이 볶으면 쫄깃한 식감과 감칠맛
이 감자와 궁합이 잘 맞습니다. 무엇보다 새송이버섯에서 물이 나와
감자를 타지 않게 볶을 수 있어요.

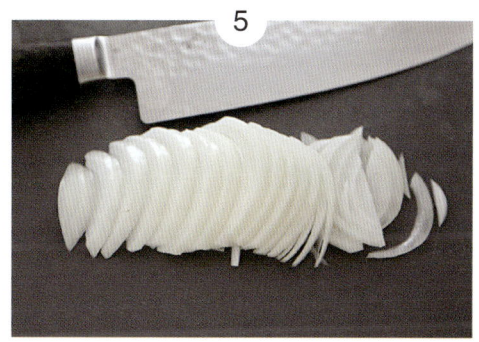

양파 1/2개도 채 썰어 줍니다.

✚ 매콤하게 먹고 싶다면 청양고추 2~3개도 아주 가늘게 채 썰어 준
비합니다.

달군 팬에 오일 3~4큰술을 두르고 감자와 양파를 넣
어 1~2분간 달달 볶아 줍니다.

✚ 이때 감자의 전분기 때문에 눌어붙을 수 있는데 기름을 추가하는
대신 불 조절을 잘하면 눌어붙지 않게 볶을 수 있어요. 작은 크기의 화
구에서 중불로 1~2분간 볶으면 됩니다.

6번에 새송이버섯을 넣고 30~40초간 더 볶습니다.

7번에 감자볶음 양념장을 모두 넣은 후 팬을 화구가 큰 곳으로 옮겨 센불에서 3~5분간 달달 볶아 줍니다.

새송이버섯에서 나온 물과 양념장이 바글바글 끓으면서 바짝 졸아들면 감자가 맞나게 익은 상태가 됩니다. 절대 뚜껑을 닫지 않습니다. 뚜껑을 닫고 익히면 감자볶음이 아니고 감자죽이 될 수 있어요.

양념장이 자박자박하게 졸았으면 맛을 보고 불을 끕니다. 매콤하게 먹고 싶을 때는 채 썬 청양고추를 넣고 가볍게 뒤적여 마무리합니다.

✚ 감자볶음을 할 때 불 위에서 100% 익히면 안 돼요. 식탁에 올리면 곤죽이 되어 젓가락으로 집어지지 않아요. 90% 정도 익었을 때 미련 없이 불을 끄고 남아 있는 열로 감자를 마저 익힙니다.

참깨소스참치마요

참치는 아이들이 무척 좋아하는 재료예요.

참깨소스참치마요는 만들어서 그대로 먹어도 좋고

주먹밥이나 샌드위치에 넣어 먹어도 좋아요.

초등 어린이나 청소년 입맛에 딱 맞는데

저도 무진장 좋아해요. 아작아작 씹히는 오이와

참깨의 고소함이 밥이랑 궁합이 잘 맞으니

김밥이나 주먹밥에 넣어 보세요

저는 주로 작은 모닝빵에 넣어서 먹어요.

☐ 참치통조림 1캔(작은 것, 150g)

☐ 오이 1개(곱게 간 천일염 1/2작은술)

A의 참깨소스참치마요 양념

☐ 마요네즈 듬뿍 5큰술

☐ 꿀 1작은술(또는 2작은술)

☐ 곱게 간 참깨 2큰술

☐ 저염간장 2큰술

☐ 참기름 1큰술

HOW TO MAKE

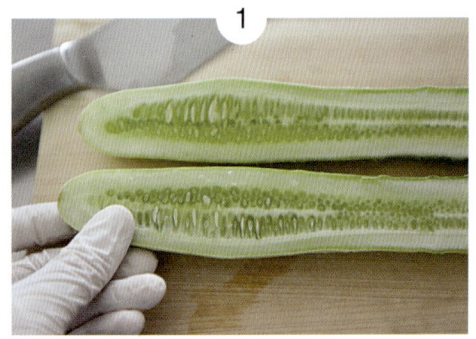

1

오이 1개를 반으로 잘라 줍니다. 오이씨가 꽉 차 있는데 작은 숟가락으로 삭삭 긁어냅니다.

2

채칼로 오이를 최대한 얇게 밀어 줍니다. 두껍게 썰면 제맛이 나지 않습니다.

3

2번의 슬라이스한 오이에 곱게 간 천일염 1/2작은술(2g)을 넣고 조물조물 버무려 10여 분 절여 줍니다.

참치통조림 작은 것(150g)을 체에 밭쳐 기름과 수분을 빼 줍니다. 참치가 포슬포슬할 정도로 수분을 빼야 합니다.

10여 분 후 오이가 나른하게 절여지면 두 손으로 꽉 꽉 있는 힘껏 짜서 수분을 빼 줍니다.

볶은 참깨 2큰술을 즉석에서 갈아 줍니다.

✚ 갈아놓은 참깨는 사양할게요. 고소한 풍미가 없어요.

볼에 4번의 참치, 5번의 오이, 6번의 참깨와 A의 참깨소스참치마요 양념을 넣어 슥슥 비벼 줍니다. 간을 봐서 싱거우면 서열간장 1큰술을 추가하세요. 마요네즈 양은 절대로 줄이지 마세요.

✚ 제 입맛에는 마요네즈 6~7큰술이 딱 알맞더라고요. 마요네즈를 1~2큰술 더 넣으면 훨씬 맛있어요.

간간한 잡채를 넣어 돌돌 만 김말이,

분식집 인기 메뉴이지요. 어릴 적 엄마가 만들어 준

김말이 맛 달걀말이가 얼마나 맛있던지,

김말이와 달걀말이 찰떡궁합이었어요.

저에겐 아련한 추억의 맛이랍니다.

당면을 아주 잘게 자른 후 양념과 부순 김을 넣고

간이 배게 잠시 두면 신기하게도 김말이 맛이 나요.

당면을 아주 잘게 잘라야 달걀말이 단면이

예쁘게 잘린답니다. 보기만 해도 군침이 꼴깍!

엄마가 줄 수 있는 입안의 작은 행복입니다.

김말이 맛 달걀말이

INGREDIENT

□ 달걀 4개
□ 당면 25~28g
□ 재래김이나 돌김 1장
□ 다진 당근 듬뿍 1큰술
□ 다진 양파 듬뿍 1큰술
□ 소금 1꼬집
□ 오일 2큰술

A의 당면 양념

□ 참기름 1큰술
□ 저염간장 1큰술
□ 백령도 까나리액젓 1큰술
□ 맛술 1큰술

✚ 조미된 김이나 김밥용 김으로 만들면 안 돼요.

HOW TO MAKE

끓는 물에 당면을 넣고 7~8분간 삶습니다. 시간이 된다면 찬물에 1시간 정도 충분히 불린 후 끓는 물에 1분간 삶는 것이 좋아요. 푹 삶은 후 절대 찬물에 헹구지 마세요.

✚ 달걀말이에 들어가는 당면은 쫄깃쫄깃하기보다 불어터질 정도로 푹 삶겨야 제맛이에요. 다 삶은 후 평소처럼 찬물에 헹구면 안 돼요.

끓는 물에서 건져 낸 후 채반에 담아 주방가위로 아주 잘게 잘라 줍니다.

✚ 사진처럼 잘게 잘라 줍니다. 달걀말이를 썰 때 단면이 깔끔하기를 원한다면 사진처럼 당면을 주방가위로 아주아주 잘게 잘라야 해요.

당근정말시러의 맛 보장 반찬 특강

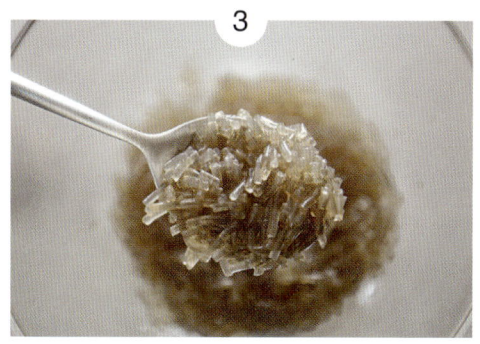

3

잘게 자른 당면에 참기름 1큰술을 넣고 쓱쓱 버무린 후 저염간장 1큰술, 백령도 까나리액젓 1큰술, 맛술 1큰술을 넣어 다시 버무립니다.

4

3번에 다진 양파 1큰술과 다진 당근 1큰술, 재래김이나 돌김 1장을 잘게 찢어서 함께 넣고 쓱쓱 버무려 줍니다. 10여 분간 그대로 둡니다.

✚ 그래야 당면에 간이 배고 더 탱글탱글 볼륨감이 생깁니다. 게다가 나중에 김말이 맛이 나요. 이 과정이 김말이 맛 달걀말이의 포인트랍니다.

5

10여 분이 지난 후 당면을 보면 3번보다 더 탱탱하고 맛있게 간이 배었습니다.

6

볼에 달걀 4개, 소금 1꼬집과 5번 재료를 모두 넣고 거품기로 잘 풀어 줍니다.

7

약불에서 2~3분간 서서히 예열한 팬에 오일 2큰술을 두르고 6번의 달걀물을 한두 국자 부어 평평하게 펼쳐 줍니다.

8

달걀이 촉촉하게 80~90% 익었을 때 돌돌 말아 주고 다시 달걀물 한두 국자를 부어 말기를 2~3차례 반복합니다.

9

달걀물에 마른 김이 들어가서 팬에 부을 때 매끄럽게 펴지지 않을 거예요. 일단 가스불이 없는 화구로 팬을 옮긴 후 국자로 고루 평평하게 그리고 꼼꼼하게 펴는 작업을 따로 해야 합니다.

10

마지막에 모서리와 가장자리를 꼼꼼하게 한 번 더 익혀 주세요.

✚ 달걀말이는 집집마다 팬도 다르고 불의 세기도 달라서 모범 정답이 없지만 분명한 건 처음부터 끝까지 약불에서 요리해야 한다는 것, 달걀이 80~90% 익었을 때 돌돌 말아야 덜 익은 달걀물이 접착제 역할을 해 단단하게 말린다는 점을 꼭 기억하세요.

당근정말시러의 맛 보장 반찬 특강

Recipe 07

달걀말이의 응용은 무한대입니다. 무엇을 넣고 말든

맛있는데, 저는 특히 이 순대 맛 달걀말이를 좋아해요.

간간하게 양념이 밴 당면과 슬라이스햄에서 순대 맛이

나는데요. 달걀과 양념한 당면의 조합은 환상입니다.

처음 이 조합을 만들어 본 후 그 맛에 중독돼 일주일간

당면 삶고 양념하고 돌돌 말아 주었지요.

자꾸 말다 보면 누구든 달걀말이의 달인이 돼요.

□ 달걀 3개
□ 샌드위치용 슬라이스햄 3장
□ 당면 15~18g
□ 오일 2큰술

A의 당면 양념
□ 참기름 1작은술
□ 저염간장 1작은술
□ 맛술 2작은술
□ 백령도 까나리액젓 1작은술

HOW TO MAKE

당면 15~18g을 반으로 잘라서 찬물에 담가 1~2시간 불린 다음 끓는 물에 1분 정도 삶습니다. 반드시 뜨거운 물이 아닌 찬물에 담가야 합니다. 시간이 없다면 찬물에 담그지 않고 바로 끓는 물에 삶아서 사용해도 됩니다.

✚ 불리지 않고 바로 삶을 때는 3~5분 정도 삶아야 합니다.

삶은 당면은 찬물에 헹구지 말고 채반에 바로 건져 물기를 뺀 다음 A의 당면 양념을 넣고 젓가락으로 섞어 줍니다.

사진처럼 주방가위로 잘게 자른 후 당면에 간이 배게 10분간 그대로 둡니다.

✚ 당면을 찬물에 헹구면 양념이 잘 배지 않아요. 반드시 헹구지 말고 그대로 사용하고 꼭꼭 가위로 잘게 잘라 주세요.

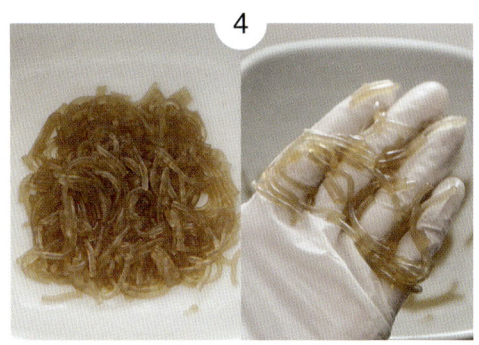

10분이 지나면 당면이 A의 당면 양념을 흡수해서 쫄깃하고 탱탱해진 것을 눈으로 확인할 수 있습니다.

당면에 양념이 스밀 동안 샌드위치용 슬라이스햄 3장을 잘게 다지듯 썰어 줍니다.

✚ 순대 맛 달걀말이의 핵심은 샌드위치용 슬라이스햄이에요. 다른 햄들은 염도나 풍미가 강해서 별로였어요. 은은한 풍미에 상대적으로 심심한 샌드위치용 슬라이스햄이 적절해요. 달걀과 당면의 존재감을 조용히 뒷받침해 줍니다.

볼에 달걀 3개, 5번의 햄, 4번의 당면을 모두 넣고 거품기로 고루 저어 줍니다.

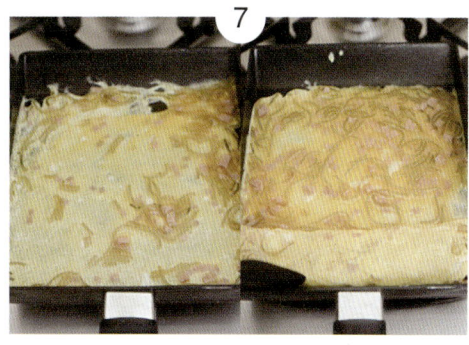

약불에서 2~3분간 서서히 예열한 팬에 오일 2큰술을 두르고 6번의 달걀물을 한두 국자 떠서 평평하게 깔아 줍니다. 첫 번째 사진은 달걀물이 80~90% 익은 상태예요. 이때 돌돌 말아 줍니다. 말고 나서 다시 달걀물을 한두 국자 붓고 약불에서 익혀 돌돌 마는 것을 반복합니다.

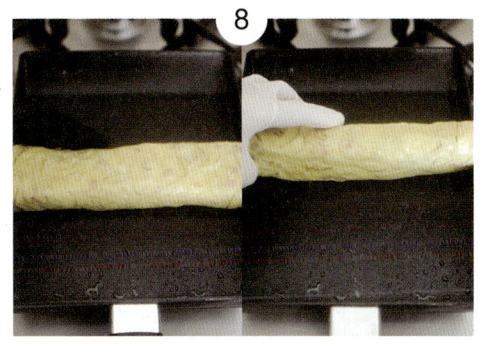

달걀 3개로 만들 경우 3회 정도 돌돌 말아 주면 적당한 두께가 나옵니다. 다 말고 나면 모서리와 사방을 꼼꼼하게 한 번 더 익혀 주세요.

더운 여름날 무더위를 한방에 날릴 수 있는 밑반찬이랍니다.

조물조물 무쳐서 냉장고에서 숙성시킨 미역초무침의

꼬들꼬들한 식감과 새콤달콤한 맛이

사라졌던 입맛까지 되살아나게 한답니다.

미역초무침은 오이보다 양파가 들어가야 맛있어요.

미역초무침

☐ 자연산 미역 3장(어른 손바닥 크기)
☐ 양파 1/2개

단촛물

☐ 양조식초 4큰술

☐ 설탕 1큰술

☐ 저염간장 1큰술

☐ 조선간장 1큰술

HOW TO MAKE

내열 볼에 양조식초 4큰술, 설탕 1큰술, 저염간장 1큰술, 조선간장 1큰술을 넣은 후 랩을 씌우지 않고 전자레인지에서 30초간 돌립니다. 전자레인지에서 꺼내 설탕이 녹도록 숟가락으로 저어 주고 중탕으로 한 김 식혀 줍니다.

✚ 단촛물을 전자레인지에 돌리는 이유는 첫째, 적은 양을 가스 불로 끓이기 번거로워서입니다. 둘째는 설탕과 식초에 열을 가하면 촛물이 굉장히 부드러워지기 때문이에요.

어른 손바닥 크기의 자연산 돌미역 3장입니다. 시판 미역은 잘라진 상태에서 작게 2줌으로 하면 됩니다.

3

자연산 미역은 시판 미역처럼 매끈매끈하고 예쁘지 않아요. 가위로 작게 잘라서 사용하세요.

4

미역은 물에 불리는 것이 아니라 살살 문질러서 짠 내와 아린 맛을 빼내야 해요. 처음엔 살살 문질러 주 다가 미역이 아리아리하게 풀어지면 체에 밭치고 맑 은 물이 나올 때까지 박박 문질러 씻어 줍니다. 4~5회 정도 맑은 물을 갈아 가면서요.

5

냄비에 물 3컵(600ml) 정도를 붓고 끓이다가 끓기 시작하면 미역을 넣고 30초 정도만 데쳐서 찬물에 헹구어 물기를 꽉~ 짜 줍니다.

6

양파는 얇게 슬라이스합니다.

7

볼에 5번의 미역, 6번의 양파를 넣고 1번의 단촛물을 부어 줍니다. 조물조물 버무리고 랩을 씌워서 반나 절 정도 냉장 숙성시켜야 제맛이 난답니다.

8

지금 간을 보면 아무 맛도 안 나요. 단촛물과 미역에 겉돌아서 간이 전혀 잡히지 않을 거예요. 냉장고에 서 4~5시간 정도 차갑게 숙성시켜 맛을 보세요. 싱 거우면 소금 2~3꼬집을 더하고, 새콤한 맛이 부족하 면 양조식초 1큰술을 더하세요.

아주 쉽고 간단하게 만들지만 효자 반찬이지요.

단무지를 물엿에 절였다가 무치는 것이

맛의 차이를 만들어요.

단무지 자체에 이미 배어 있는 조미된 맛이

빠지거든요. 꼬들꼬들 씹는 맛이 탁월해서

씹는 소리에 군침이 돌지요.

흰 쌀밥에 단무지무침만 있어도

밥 한 그릇 뚝딱입니다.

단무지무침

INGREDIENT

□ 통단무지 500g

□ 물엿 1컵

A의 단무지무침 양념

□ 고춧가루 1큰술

□ 양조식초 1큰술

□ 꿀 1작은술

□ 저염간장 1큰술

□ 백령도 까나리액젓 1작은술

✚ 꼭 꿀이 들어가야 하고, 오래 두고 먹는 반찬이라 다진 마늘과 참기름을 넣지 않아요.

HOW TO MAKE

통단무지 500g입니다. 김밥용 단무지나 반달 모양 단무지는 안 됩니다.

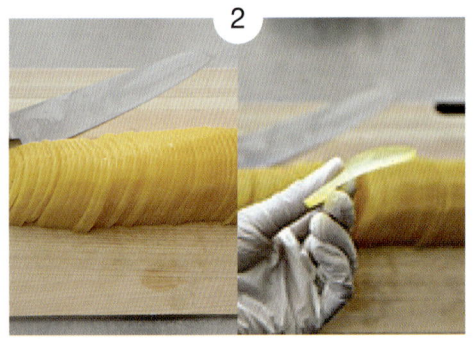

통단무지를 반으로 썬 후 최대한 얇게 썰어 줍니다.

✚ 칼질이 힘들면 슬라이스 채칼로 조심스럽게 슥슥 밀어 줍니다.

볼에 2번의 단무지를 담고 물엿 1컵을 부어 조물조물 버무린 후 15분 동안 절입니다. 절대 조청으로 대신하면 안 돼요. 만약 살짝 두껍게 썰어졌다면 20~25분간 절여 줍니다.

15분 후에 보면 단무지가 살짝 꼬들꼬들해지면서 수분이 엄청 빠져나와 있습니다. 이 과정에서 단무지의 불순물도 80% 넘게 빠져나와요.

+ 맛을 보면 조미료 맛이나 단맛 등이 빠져 심심한 맛이에요.

4번의 단무지를 절대 찬물에 헹구지 않고 체에 바로 받쳐 나물을 짜듯 손으로 여분의 물기를 쫙쫙 짜 줍니다.

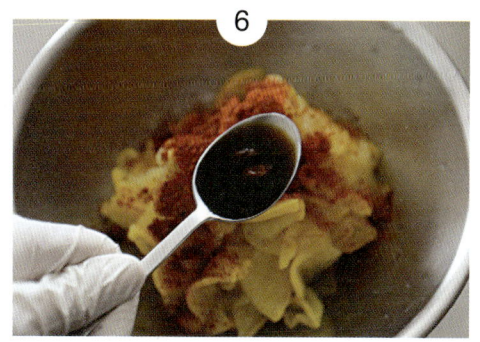

볼에 단무지를 남고 고춧가루 1큰술, 양조식초 1큰술, 꿀 1작은술, 저염간장 1큰술, 백령도 까나리액젓 1작은술을 넣어 조물조물 무쳐서 반찬통에 담습니다.

탱글탱글 꼬들꼬들한 식감이 뛰어난

목이버섯과 향이 좋은 겨울철 햇김이 만나

새콤달콤한 이색적인 맛이 납니다.

저칼로리에 식이섬유까지 가득해

변비와 다이어트에도 좋아요.

목이버섯에 간이 배어야 맛있으니

오전에 무쳤다가 저녁 반찬으로 드세요.

남으면 맛이 떨어지니 그때그때 딱 먹을 만큼만 만드세요.

목이버섯김초무침

INGREDIENT

□ 건목이버섯 6~7g

□ 재래김이나 돌김 3장

□ 대파 1/2뿌리(흰 부분만)

□ 청양고추 1개

✚ 조미김이나 김밥용 김은 안 돼요.

A의 초무침 양념장

□ 양조식초 4큰술

□ 맛술 2큰술

□ 저염간장 2큰술

□ 백령도 까나리액젓 1큰술

□ 설탕 1작은술

□ 조청 1작은술

HOW TO MAKE

건목이버섯 6~7g를 살짝 미지근한 물에 15~20분 동안 불립니다.

건목이버섯을 불리는 동안 내열 볼에 양조식초 4큰 술, 맛술 2큰술, 저염간장 2큰술, 백령도 까나리액젓 1큰술, 설탕 1작은술, 조청 1작은술을 넣습니다. 랩을 씌우지 않고 전자레인지에 1분간 돌려 식초의 강한 신맛을 날려 줍니다.

✚ 전자레인지가 없거나 사용을 꺼린다면 냄비에 살짝 끓여 줍니다.

3

A의 초무침 양념장을 전자레인지에서 꺼내 숟가락
으로 슥슥 저어 설탕을 녹여 줍니다. 초무침 양념장
이 뜨거우니 찬물에 중탕하여 한 김 식혀 줍니다.

4

대략 15~20분 동안 잘 불린 목이버섯을 깨끗하게
씻은 후 먹기 좋게 손으로 찢거나 가위로 잘라 줍니다.

5

재래김이나 돌김 3장도 손으로 잘게 찢어 줍니다.

6

볼에 4번의 목이버섯과 잘게 찢은 김을 담고 식힌 초
무침 양념장을 부어 잘 스며들게 그대로 둡니다.

7

그사이 대파와 청양고추를 가늘게 채 썰어 줍니다.
대파의 흰 부분은 손가락 두 마디 길이로 가늘게 채
썰고, 청양고추는 씨를 제거하고 가늘게 채 썰어 줍니
다.

8

채 썬 대파와 청양고추를 6번에 넣고 조물조물 버무
려 줍니다. 파채와 청양고추가 들어가야 제맛이 납니
다.

추억의 사라다 하면 과일사라다를

먼저 떠올리는 분들이 많겠지만

저는 할머니의 생일날 만들어 먹은

누들사라다가 아른거려요. 샐러드 누들은 생각보다

잘 불지 않고 끝까지 탱탱한 식감을 유지합니다.

한번 먹으면 계속 만들어 먹게 되는

중독성 강한 맛이에요.

우리 식구들 말이 어디선가 먹어 본 맛인데

'개꿀맛'이래요.

추억의 누들사라다

□ 샐러드 누들 30g
□ 샌드위치용 슬라이스햄 6장

A의 오이 절임
□ 청오이 1개
□ 곱게 간 소금 1/3작은술

B의 샐러드 소스
□ 마요네즈 듬뿍 4큰술
□ 씨겨자 1큰술
□ 다진 마늘 1작은술
□ 꿀 1작은술
□ 저염간장 1작은술

HOW TO MAKE

볼에 청오이 1개를 가늘게 채 썬 후 곱게 간 천일염 1/3작은술을 넣고 가볍게 조물조물 버무려 5분간 절입니다. 타이머를 활용하면 편리합니다.

✚ 가늘게 채 썰 때 저는 채칼을 사용했어요.

5분이 지나면 사진처럼 오이가 나른하게 절여졌을 거예요. 이때 절대로 물에 헹구지 않습니다. 살포시 여분의 수분만 제거합니다. 너무 꽉 짜면 오이가 다 뭉그러질 수 있으니 살짝만 짜도록 합니다.

3

쌀국수는 대형마트 또는 수입식품 코너에서 살 수 있습니다. 똑같은 제품이 없으면 동남아 '샐러드 누들' 또는 일본 당면인 '하루사메'로 구입해도 됩니다. 단 한국 당면은 절대 안 됩니다. 잘 붇고 너무 굵어서 샐러드에 어울리지 않습니다. 제품마다 삶는 시간이 다르므로 설명을 잘 읽고 삶으세요.

4

3번의 샐러드 누들은 2~3분 삶으라고 나와 있어서 끓는 물에 정확히 3분간 삶은 후 찬물에 헹구어 체에 담아 주방가위로 먹기 좋게 잘라 줍니다.

✚ 주방가위로 열십자 모양으로 잘라 주지 않으면 나중에 먹을 때 뭉텅이로 올라와 질질 흘리면서 먹을 우려가 있어요. 꼭 열십자 모양으로 잘라 주세요.

5

볼에 4번의 샐러드 누들과 샌드위치용 슬라이스햄 6장을 가늘게 채 썰어 담고, B의 샐러드 소스 재료를 모두 넣습니다.

6

2번의 절인 오이를 넣은 후 쓱쓱 섞으면 완성입니다.

입안 가득 어찌나 향긋하고 새콤한지

작은 행복이 밀려옵니다.

한동안 입맛이 없어 뭘 먹어도 맛있는 줄 몰랐는데

오랜만에 너무 맛나게 먹었어요.

없던 입맛도 돌아오게 하는 탁월한 달래양념장입니다.

봄철, 달래가 제철일 때 만들어 보세요.

도토리묵에도 곁들이고,

오징어초무침에도 넣으면 꿀맛입니다.

달래양념장과 도토리묵

☐ 도토리묵 1팩(300g)

☐ 달래 100g

☐ 양파 1/4개

A의 달래양념장

☐ 양조식초 2큰술

☐ 맛술 2큰술

☐ 고춧가루 3큰술

☐ 다진 마늘 1큰술

☐ 저염간장 4큰술

☐ 백령도 까나리액젓 2큰술

☐ 조청 듬뿍 1큰술

☐ 참기름 2큰술

HOW TO MAKE

볼에 양조식초 2큰술, 맛술 2큰술, 고춧가루 3큰술, 다진 마늘 1큰술, 저염간장 4큰술, 백령도 까나리액젓 2큰술, 조청 듬뿍 1큰술, 참기름 2큰술을 넣고 고루 섞어 A의 달래양념장을 만듭니다.

✚ 이 달래양념장의 절반은 도토리묵에 곁들여 먹고, 남은 것은 오징어 몸통 1마리를 데친 후 가늘게 채 썰어 버무려 먹을 거라 달래양념장을 살짝 빡빡하게 배합했어요. 너무 달지도 짜지도 않습니다. 여기에 달래와 양파만 더 넣으면 됩니다.

팔팔 끓는 물에 국산 도토리묵 300g을 넣어 3분간 센불에서 데쳐 줍니다.

✚ 데치는 과정이 귀찮아서 생략하면 도토리묵이 젤리처럼 찰랑찰랑한 식감은 전혀 없고 젓가락으로 집었을 때 툭툭 끊어지는 현상이 생깁니다. 반드시 끓는 물에 도토리묵의 속까지 말랑말랑하게 익혀 주세요. 아주아주 중요합니다.

데친 도토리묵은 찬물에 가볍게 딱 한 번만 헹군 다음 먹기 좋은 크기로 썰어 접시에 가지런히 담습니다. 한 조각 맛보면 탱글탱글한 식감이 그만입니다.

달래는 깨끗이 손질해 씻은 후 물기를 제거하고 1~2cm 간격으로 짧게 썰어 줍니다.

양파 1/4개는 아주 가늘게 채 썬 후 달래 크기에 맞춰 한 번 더 썰어 줍니다.

볼에 양파와 달래를 담고 1번의 달래양념장을 모두 넣어 고루 섞습니다. 도토리묵 위엔 양념장의 반만 올리고, 남은 양념장은 비빔국수나 오징어초무침, 콩나물비빔밥에 곁들이면 맛있어요.

'밀푀유'는 켜켜이 다양한 필링을 채워 만든

페이스트리를 말해요. 밀푀유를 응용한 두부조림이랍니다.

두부와 양념장을 켜켜이 쌓은 후 멸치육수를 부어 조려요.

짜지도 않고 자극적이지도 않아요.

저도 모르게 "음~" 하는 감탄의 소리가 절로 나오지요.

두부 위에 양념장이 많아 보이지만 고소한 차돌박이라는 것.

뜨거울 때나 차가울 때나 무진장 맛있습니다.

밀푀유두부조림

INGREDIENT

□ 초당두부(또는 재래 두부) 550g

□ 멸치육수 1/2컵(100ml)

□ 참기름(또는 식용유) 2큰술

✚ 절대 풀무원이나 종갓집 등 부드러운 두부는 안 돼요.

A의 밀푀유두부조림 양념장

□ 대파 1뿌리

□ 양파 1/2개

□ 차돌박이 100~120g

□ 저염간장 3큰술

□ 백령도 까나리액젓 1큰술

□ 고춧가루 4큰술

□ 다진 마늘 1큰술

□ 맛술 3큰술

□ 생강술 2큰술

□ 멸치육수 1/2컵(100ml)

HOW TO MAKE

대파 1뿌리와 양파 1/2개는 잘게 다지듯이 썰어서
볼에 담습니다.

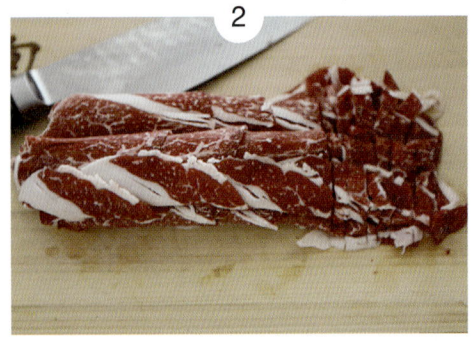

냉동 차돌박이 100~120g도 잘게 다지듯 썰어서 1번
의 볼에 같이 담습니다.

2번에 저염간장 3큰술, 백령도 까나리액젓 1큰술, 고
춧가루 4큰술, 다진 마늘 1큰술, 맛술 3큰술, 생강술
2큰술, 멸치육수 1/2컵(100ml)을 넣고 고루 섞어 A
의 밀푀유두부조림 양념장을 만듭니다.

✚ 위아래 고루 저어 미리 준비해 둡니다.

두부는 찬물에 적어도 10~20분 정도 담가 아린 맛
을 제거한 후 사용하는 전골냄비의 크기에 맞게 얄
팍한 두께(0.5~0.7cm)로 썰어 줍니다.

✚ 풀무원이나 종갓집 등 밀도가 낮아 쉽게 뭉그러지는 두부는 사용
하지 않습니다. 재래 두부나 초당두부를 사용해 만들어야 해요.

전골냄비에 참기름(또는 식용유) 2큰술을 두른 후
두부를 깔아 줍니다.

6

5번 위에 양념장을 듬뿍 올리고 다시 두부, 양념장 순으로 반복해서 올립니다. A의 밀푀유두부조림 양념장이 많이 짜지 않아 듬뿍 올려야 식감이나 고소한 맛이 좋습니다. 겹겹이 쌓아 양념이 잘 스며들게 합니다.

7

6번에 멸치육수 1/2컵(100ml)을 붓고 센불에서 팔팔 끓여 줍니다.

8

양념장이 팔팔 끓기 시작하면 뚜껑을 아주 살짝 비스듬히 닫아 줍니다.

✚ 뚜껑을 살짝 비스듬히 닫아야 양념장이 바특하게 졸아들면서 국물이 넘치지 않습니다.

9

중간 크기의 화구에서 중불과 약불 사이로 15분간
끓입니다.

✚ 알람을 설정해 두면 편리합니다.

10

15분 후 간을 보면 똑 떨어질 겁니다. 불을 끄고 상에
냅니다.

✚ 위에 양념장이 많아 보이지만 대부분 고소한 차돌박이라는 것. 뜨
거울 때 먹어도 맛있고, 냉장고에서 차갑게 두었다가 먹어도 무진장
맛있습니다.

Special page 01

볼케이노양념치킨

'볼케이노(volcano)'는 화산이라는 뜻인데 '한식고추기름'을 넣기 때문에 매콤한 맛이 특색 있어서 붙여 본 이름입니다. 닭봉을 노릇하게 튀긴 후 양념장에 졸이고 고추기름에 버무리면 완전 매력적인 맛이 나옵니다. 무조건 강추입니다. 볼케이노양념치킨은 허니레몬 양파절임과 같이 먹으면 눈에서 하트가 마구 쏟아져요. 궁합이 징말 잘 맞아요.

INGREDIENT

어린이 1~2인분

☐ 닭봉 1팩(500g)

☐ 식용유 5~6큰술

✚ 꼭 닭봉으로 준비하세요.

A의 양념장

☐ 저염간장 4큰술

☐ 조선간장 2큰술

☐ 조청 듬뿍 2큰술

☐ 맛술 3큰술

☐ 생강술(또는 청주) 3큰술

☐ 다진 마늘 1큰술

B의 한식고추기름

☐ 고춧가루 듬뿍 1큰술

☐ 식용유 2큰술

1차 닭고기 밑간

☐ 생강술(또는 청주) 2큰술

☐ 고운 소금 2꼬집

☐ 후추 아주 약간(톡톡톡 정도)

2차 닭고기 튀김옷

☐ 밀가루(중력분) 듬뿍 1큰술

☐ 옥수수전분 듬뿍 1큰술

✚ 옥수수전분이 꼭 들어가야 맛이 나요.

HOW TO MAKE

볼에 저염간장 4큰술, 조선간장 2큰술, 조청 듬뿍 2
큰술, 맛술 3큰술, 생강술 3큰술, 다진 마늘 1큰술을
넣고 고루 섞어 A의 양념장을 만듭니다.

다른 볼에 고춧가루 듬뿍 1큰술, 식용유 2큰술을 넣
고 숟가락으로 쓱쓱 저어서 B의 한식고추기름을 만
듭니다.

✚ 이 요리에서 한식고추기름은 바로 신의 한 수입니다. 텁텁하지 않
고 느끼함 없이 깔끔하게 매운맛을 냅니다.

당근정말시러의 맛 보장 반찬 특강

3

닭의 다른 부위 말고 꼭 닭봉 500g으로 준비합니다.
가슴살이나 안심 등을 사용하면 제대로 된 맛이 나
오지 않아요.

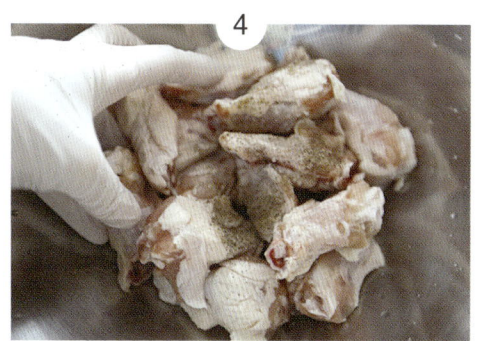

4

볼에 3번의 닭봉 500g(냉동도 좋습니다)을 담고 생
강술 2큰술, 고운 소금 2꼬집, 후추 아주 약간을 넣어
조물조물 버무려 1차 닭고기 밑간을 합니다.

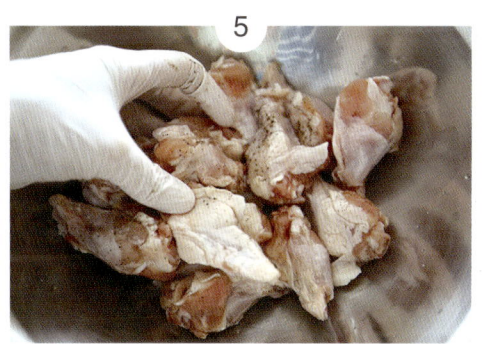

5

간이 배도록 1~2분 정도 그대로 둡니다.

6

5번의 닭고기에 밀가루 듬뿍 1큰술, 옥수수전분 듬
뿍 1큰술을 넣고 조물조물 버무려 바삭바삭한 튀김
옷을 입힙니다.

✚ 2차 닭고기 튀김옷을 입힌 상태입니다.

✚ 옥수수전분은 마트나 가까운 슈퍼에서 쉽게 구입할 수 있어요.

아이들을 위한 특별식

큼직한 팬을 약불에서 1~2분간 서서히 예열해 줍니다. 팬에 열기가 올라오면 식용유 5큰술을 두르고 6번의 튀김옷을 입힌 닭봉을 모두 넣습니다. 이때 가스불은 중불입니다.

처음엔 2분에 한 번씩 뒤집어 주고 그다음엔 1분 간격으로 뒤집어서 노릇노릇하게 튀기듯 구워 줍니다.
✚ 기름이 모자라서 타지 않을까 싶지만 중불에서 서서히 튀기듯 구우면 그사이 닭봉에서 적절히 기름이 나옵니다.

노란 황금빛 혹은 골드브라운 빛이 나오면 완성된 겁니다. 바삭바삭한 튀김옷이 입혀진 거죠.

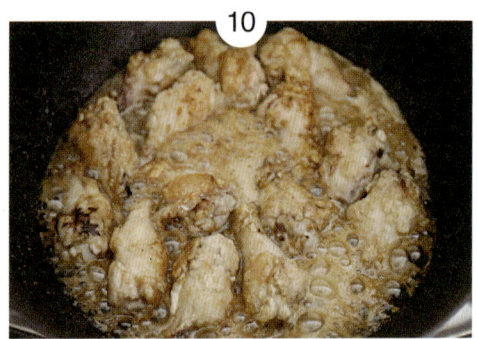

9번의 닭봉에 A의 양념장을 모두 부은 후 끓입니다. 양념장이 바글바글 끓어오르면 뚜껑을 닫아 줍니다.

이때 가스불은 화구가 작은 곳에서 중불과 약불 사이입니다. 3분간 끓여 닭봉 속까지 푹 익힙니다.

3분 후 뚜껑을 열고 B의 한식고추기름을 다 넣어 30초에서 1분 정도 뒤적뒤적 버무린 다음 바로 불을 끕니다.

사진과 같은 양념의 농도가 나오면 완성입니다.

✚ 양념장이 아주 맛나기 때문에 고기를 먹고 남은 양념장에 밥을 볶아 먹어도 꿀맛입니다.

Special page 02

초간단 감자피자

자극적이지 않고 담백한 치즈 맛이 으뜸인 초간단 피자예요.

햇감자가 나올 때 자주 만들어 먹어요. 전자레인지에서 익힌

웨지감자의 포슬포슬한 맛과 짭조름한 피자치즈의 맛을 한껏

끌어올리고 싶으면 마지막에 파마산치즈가루를 살짝 곁들이

세요. 가위로 잘라서 손으로 집어 먹으면 제맛이에요.

INGREDIENT

일반 부침개 크기 1장

□ 감자 1개(중간 크기)
□ 소금 2~3꼬집

□ 오일 1작은술
□ 감자전분 1작은술
□ 피자치즈 100g

✚ 기호에 따라 파마산치즈가루나 토마토케첩을 준비합니다.

HOW TO MAKE

감자 1개(중간 크기)를 필러로 껍질을 벗긴 후 조금 도톰하게 채 썰어 줍니다. 대략 햄버거가게 감자튀김 크기라고 생각하면 됩니다.

한 번 가볍게 찬물에 헹구어 물기를 뺀 다음 키친타월로 여분의 수분을 꼼꼼하게 제거합니다.

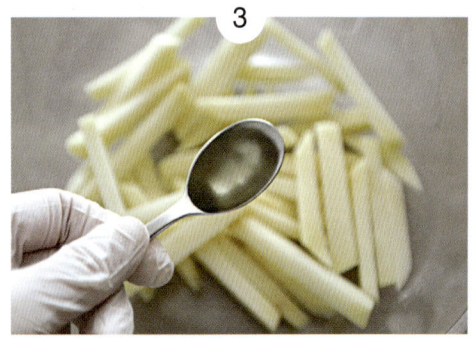

2번의 감자를 내열 볼에 담고 약하게 소금 2~3꼬집을 넣어 조물조물 밑간을 합니다. 그다음 오일(아무거나) 1작은술을 넣어 한 번 더 조물조물 섞어 감자 표면에 코팅 막을 만들어 줍니다.

✚ 꼭 오일을 넣어야 익히는 과정에서 감자가 으스러지지 않고 모양을 유지합니다.

3번의 감자에 감자전분 1작은술을 넣어 다시 조물조물 주물러 약간의 튀김옷을 입혀 줍니다. 랩을 씌우지 않고 전자레인지에서 2분간 돌려 익혀 줍니다. 2분 후 앞뒤로 가볍게 뒤적였다가 다시 한 번 2분간 익혀 줍니다. 총 4분간 익히는데, 귀찮다고 한 번에 4분을 돌리면 안 됩니다.

5

총 4분을 돌린 후 전자레인지에서 익힌 감자를 맛보세요. 감자튀김처럼 겉은 살짝 까슬까슬하고 속은 포슬포슬합니다. 만약 두껍게 썰어서 덜 익었다면 1분 정도 더 돌려 익힙니다.

6

예열한 팬에 피자치즈 100g을 골고루 펼칩니다.

7

피자치즈가 바글바글 끓어오를 때 5번의 감자를 골고루 올려 줍니다.

8

중불과 약불 사이에서 대략 2~3분 정도 서서히 익혀 주면 솥밥 누룽지처럼 진한 갈색이 나옵니다.

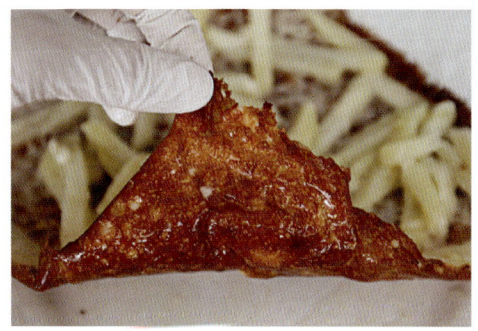

✚ 큰 접시에 옮겨 담아 기호대로 파마산치즈가루나 케첩을 곁들여 먹습니다.

Special page 03

감자라자냐

포슬포슬 감자로 만든 특별한 맛이에요. 솔직히 피자인지 라자냐(이탈리아 파스타 요리)인지 헷갈리지만 뭐가 됐든 엄마표 손맛이 느껴져요. 바닥에 감자를 먼저 까느냐, 치즈를 먼저 까느냐에 따라 다른 맛을 즐길 수 있어요. 치즈를 먼저 깔아 누룽지처럼 만들어 먹는 방법도 강력 추천합니다. 타바스코소스(핫소스)를 뿌려 먹으면 디욱 맛나게 먹을 수 있어요.

어린이 1~2인분

□ 작은 감자 1개(큰 감자는 1/2개)

□ 달걀 1개

□ 양파 1/4개

□ 모짜렐라치즈(또는 뿌리는 모짜렐라치즈) 2장

□ 체더치즈 2장

□ 샌드위치용 슬라이스햄(또는 베이컨) 3장

□ 올리브·피망·파마산치즈가루 적당량

□ 청양고추 1개(생략 가능)

□ 오일 2~3큰술

A의 간단 피자소스

□ 토마토케첩 3큰술

□ 무염버터 2작은술

□ 저염간장 1~2작은술

□ 꿀 1/3작은술

□ 후추 약간

□ 타바스코소스(생략 가능. 하지만 뿌리면 훨씬 맛있어요)

HOW TO MAKE

내열 볼에 토마토케첩 3큰술, 무염버터 2작은술, 저염간장 1~2작은술, 꿀 1/3작은술, 후추 약간을 넣어 A의 간단 피자소스를 만듭니다.

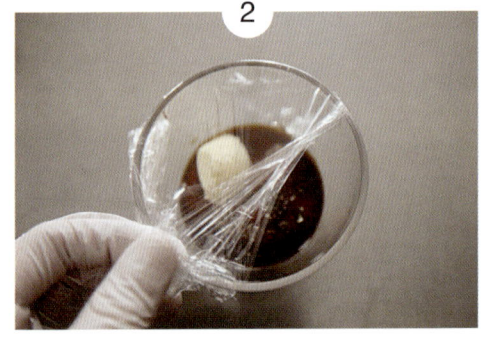

내열 볼에 사진처럼 느슨하게 랩을 씌운 후 전자레인지에 넣고 40~50초간 돌리면 버터가 부드럽게 녹습니다.

전자레인지에서 꺼낸 2번을 서로 잘 어우러지게 숟가락으로 저어 줍니다. 이때 타바스코소스가 집에 있다면 톡톡 6~7방울 뿌리면 더욱 맛있습니다.

감자 1개(저는 감자가 커서 1/2개 사용)는 필러로 껍질을 벗긴 후 절반으로 잘라서 슬라이스용 채칼로 쓱쓱 밀어 줍니다. 너무 얇지 않게, 살짝 두께 있게 밀어 주세요.

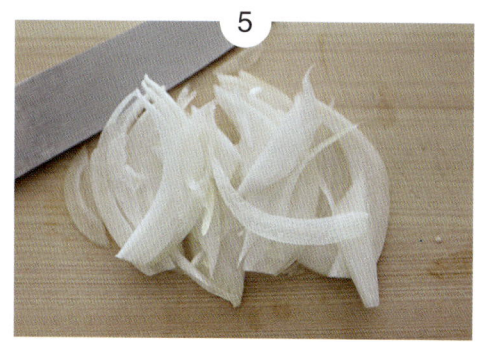

양파 1/4개는 가늘게 채 썰어 준비합니다.

모짜렐라치즈 2장과 일반 체더치즈 2장을 치즈 1장 당 4조각이 나오게 가로로 잘라 줍니다. 치즈를 좋아 한다면 치즈 양을 1장씩 더 늘려도 됩니다. 뿌려 먹 는 모짜렐라치즈라면 치즈 1장당 2줌으로 계산하 세요.

✚ 지금은 파니니샌드위치를 만들어 먹고 남은 슬라이스 모짜렐라치 즈를 사용했는데, 피자용 뿌려 먹는 모짜렐라치즈를 넣었을 때가 훨 씬 더 맛있었습니다.

샌드위치용 슬라이스햄 3장도 가늘게 채 썰어 준비 합니다. 집에 있는 베이컨이나 스팸으로 대체해도 좋습니다. 반찬용 햄을 가늘게 채 썰어 사용해도 좋 고, 비엔나소시지도 괜찮습니다.

팬에 오일을 2~3큰술 두른 다음 감자를 가지런히 깔 고 그다음 모짜렐라치즈를 올립니다. 이 프라이팬은 23센치입니다.

✚ 맛있어서 다음 날 또 만들어 먹었는데, 이때는 오일 두른 펜에 뿌려 먹는 모짜렐라치즈를 먼저 깔고 그다음 감자, 치즈, 감자, 햄, 치즈 순 으로 올렸더니 밑바닥에 치즈 누룽지가 생겨 너무너무 고소한 맛이 났어요. 이 버전도 강추합니다.

8번에 다시 감자를 가지런히 올리고 채 썬 양파, 햄, 치즈를 올려 줍니다.

잔잔한 약불에서 뚜껑을 닫고 5~6분간 가만히 기다립니다. 익히는 시간은 팬의 크기에 따라 조절합니다.

✚ '잔잔한 약불'이라고 해서 후 불면 꺼질락 말락 하는 약불은 아니에요.

5~6분 후 뚜껑을 열면 치즈가 다 녹아 있습니다.

그 위에 A의 간단 피자소스를 남기지 않고 전부 발라 주세요. 가운데 부분을 숟가락으로 홈을 살짝 내 달걀 1개를 살포시 올려 줍니다.

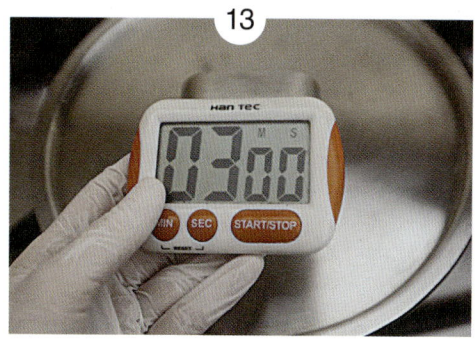

13

다시 뚜껑을 닫고 약불에서 2~3분간 익힙니다.

✚ 냉장고에서 바로 꺼낸 달걀이라면 3분간, 실온에 1시간 이상 꺼내 놓은 거라면 2분간 익힙니다. 노른자가 주르르 흐르는 정도의 반숙이 됩니다.

14

2~3분 후 뚜껑을 열고 불을 끕니다. 열기가 남았을 때 피망이나 올리브를 올리거나 진한 치즈의 풍미를 좋아하면 파마산치즈가루를 더 올려 맛을 냅니다. 매콤하게 먹고 싶으면 청양고추를 올려도 좋고요. 취향대로 좋아하는 재료를 올립니다.

Special page 04

아이들을 위한 특별식

간단 새우고로케

기름기 적어 건강하고 담백한 맛이 특징인 엄마표 간식입니다.

새우 씹히는 식감과 감칠맛도 그만이에요. 이번에도 백령도 까

나리액젓이 신기하게 감칠맛을 높여 줬어요. 뜨거울 때 호호

불면서 먹으면 그야말로 취향 저격입니다. 케첩이랑 간단 타르

타르소스 둘 다에 찍어 먹어 보았는데 저는 케첩, 가족들은 타

르타르소스로 갈리네요. 입맛은 다 다르니까요. 소스는 취향대

로 준비하세요.

☐ 감자 1개(200g 정도, 작은 감자는 1개 반)

☐ 물 50ml

☐ 냉동 새우 250g

☐ 감자전분 1큰술

☐ 식용유 10큰술

A의 전자레인지 감자 양념

☐ 무염버터 듬뿍 1작은술

☐ 백령도 까나리액젓 2작은술

☐ 후추 약간

☐ 소금 2꼬집

☐ 우유 2큰술(생략 가능)

B의 간단 타르타르소스

☐ 삶은 달걀 1개

☐ 마요네즈 듬뿍 4큰술

☐ 후추 약간

☐ 소금 1꼬집

☐ 씨겨자 듬뿍 1큰술

C의 튀김옷

☐ 감자전분 2큰술

☐ 옥수수전분 2큰술(또는 감자전분 4큰술)

HOW TO MAKE

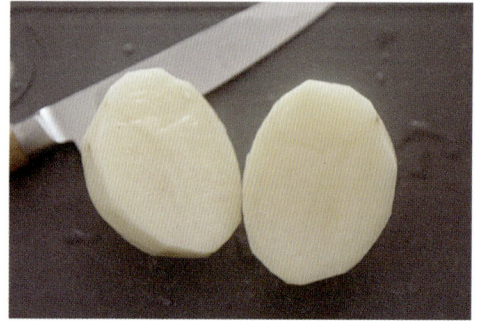

감자는 필러로 껍질을 벗겨 반으로 잘라 줍니다. 감자 크기가 작다면 1개 반을 사용합니다. 저울에 달았을 때 200g 정도 나오면 됩니다.

넓고 큼직한 내열 볼에 주방용 비닐팩 중간 크기 한 장을 넣고 비닐팩 안에 감자와 물 50ml를 부어 줍니다.

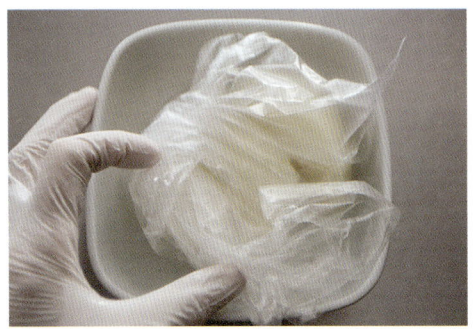

✤ 이때 사진처럼 비닐팩을 대충 살포시 접어 주는 것이 아주 중요합니다.

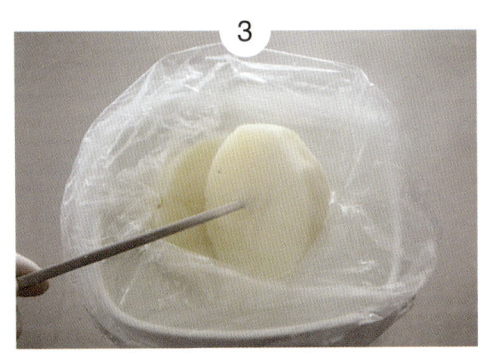

전자레인지에 2번의 감자를 넣고 4분 돌립니다. 그런 후 다시 4분을 더 돌려 줍니다. 총 8분간 익히는데 귀찮다고 한 번에 돌리면 안 돼요.

전자레인지에서 감자가 익는 동안에 냉동 새우를 꺼내 소금물에 담가 해동하고 B의 간단 타르타르소스를 만듭니다. 미리 삶아 놓은 달걀 1개를 곱게 다져 볼에 담고 마요네즈 듬뿍 4큰술, 후추 약간, 소금 1꼬집, 씨겨자 듬뿍 1큰술을 넣어 고루 섞으면 기대 이상으로 맛있는 타르타르소스가 만들어집니다.

✤ 타르타르소스 만들기가 귀찮다면 토마토케첩에만 찍어 먹어도 아주 맛있으니 이 과정은 생략해도 됩니다.

전자레인지에서 꺼낸 감자를 볼에 담고 가볍게 으깨어 줍니다. 시간 들여 냄비에 쪘을 때보다 훨씬 더 포슬포슬하게 잘 익었을 거예요.

✚ 감자는 뜨거울 때 먹어야 제맛인데 한 냄비 쪄 놓으면 꼭 몇 개는 남아돌아요. 갑자기 찐 감자가 먹고 싶을 땐 딱 먹을 만큼 한두 개만 전자레인지에 돌려 드세요. 저는 10년 전부터 이 방법을 애용하고 있어요.

5번의 감자에 무염버터 듬뿍 1작은술, 백령도 까나리액젓 2작은술, 후추 약간, 소금 2꼬집, 우유 2큰술을 넣고 숟가락으로 부드럽게 으깨 줍니다. 꼭 감자가 뜨거울 때 으깨고 기본 밑간을 해야 매시드 포테이토처럼 부드럽게 됩니다.

감자가 한 김 식을 동안 냉동 새우를 손질합니다. 마트에서 냉동 새우를 살 때 자숙이 아니라 생새우를 냉동시킨 것을 사야 합니다. 해동된 새우를 절반은 씹히는 식감을 위해 대충 다져 주고, 나머지 절반은 잘게 다져 줍니다.

볼에 6번의 으깬 감자와 7번의 다진 새우를 담고 감자전분 1큰술을 넣어 서로 어우러지게 조물조물 반죽합니다.

당근정말시러의 맛 보장 반찬 특강

9

한입 크기로 동그랗게 대충 모양을 잡아 줍니다. C
의 튀김옷을 가볍게 묻힌 후 좀 더 예쁘게 모양을 잡
습니다. 동그랑땡 크기로 대략 9~10개 나옵니다.

✚ 빵가루는 생략했어요. 빵가루를 묻히고 달걀물을 입히면 튀김기
름을 적어도 500ml에서 1ℓ 이상 사용해야 합니다. 바삭하지만 빵가
루가 기름을 잔뜩 흡수해 2~3개 먹다 보면 느끼하고 속이 부대끼거
든요.
✚ C의 튀김옷은 감자전분 2큰술, 옥수수전분 2큰술을 넣어 만드는
데, 옥수수전분이 없으면 감자전분만으로 해도 괜찮아요.

10

팬에 식용유 10큰술을 (넉넉히) 넣고 중간 크기 화
구의 중약불에서 2~3분 정도 충분히 예열합니다. 9
번을 넣고 1~2분 간 겉면이 노릇노릇해지도록 지져
줍니다.

11

저는 1분 20초에 뒤집어 주었더니 사진처럼 노릇노
릇합니다. 다시 1분 20초 동안 지져 줍니다.

12

앞뒤로 노릇하게 지지고 나면 이제 속을 익혀야 합
니다. 뚜껑을 닫고 약불에서 딱 1분만 더 익히면 완
성입니다.

Special page 05

아이들을 위한 특별식

따따블샌드위치

이름처럼 햄과 치즈를 '따따블'로 넣어 든든하게 먹을 수 있는

샌드위치입니다. 짜거나 느끼할 것 같지만 전혀 그렇지 않아

요. 소박한 맛인데 자꾸만 입맛을 당깁니다. 출근길 차 안에서

먹거나 출출한 아이들을 위한 간식으로 안성맞춤이에요.

□ 샌드위치용 식빵

□ 샌드위치용 슬라이스햄 넉넉히

□ 체더 치즈 넉넉히

□ 토마토케첩

□ 마요네즈

✚ 가능하면 부드러운 우유식빵으로 준비하세요.

HOW TO MAKE

마트에서 위 사진에 나오는 재료를 사 오세요. 체더 치즈 종류가 워낙 다양해 선택하기 힘든데, 원조격이라 할 수 있는 서울우유 체더치즈가 풍미가 진해서 좋더라고요. 샌드위치용 햄도 위 사진에 나온 제품이 크기가 맞아서 괜찮아요.

햄, 치즈, 햄, 치즈, 햄, 치즈 순으로 햄과 치즈를 3장씩 올립니다. 햄과 치즈를 좋아한다면 4장씩 올려도 됩니다. 많이 짤 거라 생각되지만 전혀 안 그래요. 먹기에 딱 적당합니다.

식빵 2장에 각각 마요네즈 1작은술을 쓱쓱 발라 주고 그 위에 토마토케첩 1작은술 혹은 1큰술 정도를 덧발라 줍니다.

✚ 마요네즈를 좋아한다면 마요네즈만 1~2큰술 듬뿍 바르고 그 위에 씨겨자 1작은술을 덧발라도 맛있어요.

4

식빵 위에 3단 햄치즈를 올리고 그 위에 식빵을 얹은 후 랩으로 꼭꼭 2~3번 감싸 줍니다.

5

반으로 잘라 다시 알루미늄 포일에 싸서 식구들 가방에 쏙 넣어 주세요. 출근길 차 안에서, 아이들 간식으로 좋습니다. 내용물이 많지 않아 흘리지 않고 먹을 수 있는 샌드위치예요.

Special page 06

죽음의 가라아게

'가라아게'는 튀김옷을 묻혀 기름에 튀겨낸 일본 음식을 두루

일컫는 말이에요. 튀김은 자고로 뜨거울 때 빨리 먹는 것이 정

답입니다. 입안에 넣자마자 포슬포슬 부드러운 감자와 닭고기

육즙, 그리고 새우가 어우러져 풍부한 감칠맛을 내는데, 정말

황홀한 기분입니다. 튀김옷이 너무 맛나서 남은 튀김옷만 따로

튀겨 머어도 정말 맛있어요.

INGREDIENT

2인 간식 분량

□ 닭다리 정육 250g

□ 감자 1개(중간 크기, 150~160g)

□ 물 50ml

□ 냉동 생새우 80~100g(왕새우 5~6마리)

□ 식용유 500ml

1차 밑간

□ 저염간장 2큰술

□ 백령도 까나리액젓 1작은술

□ 맛술 2큰술

□ 생강술 2큰술

□ 후추 약간

□ 양파가루 1작은술(생략 가능)

2차 튀김옷

□ 감자전분 6큰술

□ 옥수수전분 4큰술

□ 양파가루 1작은술

□ 얼음처럼 찬물 1/2컵

✚ 전부 숟가락에 듬뿍 떠서 계량합니다.

HOW TO MAKE

닭다리 정육 250g, 감자 1개(중간 크기, 150~160g), 냉동 생새우 80~100g(왕새우 5~6마리)을 준비합니다.

우선 감자는 중간 크기로 1개를 준비해 전자레인지에서 80~90% 먼저 익힙니다. 넓고 큼직한 내열 볼에 주방용 비닐팩 중간 크기 한 장을 담고 그 안에 반으로 자른 감자와 물 50ml를 넣습니다. 비닐팩을 대충 살포시 접어 전자레인지에 넣고 2분 돌리고 다시 2분을 돌려 줍니다. 총 4분인데 2분씩 끊어서 돌려주세요.

2번의 감자를 꺼내 보면 완전히 익은 상태가 아니라 80~90% 익었을 겁니다. 감자를 꺼내 깍둑썰기합니다.

✚ 감자를 따로 익히지 않고 생으로 튀기면 햄버거가게에서 나오는 감자튀김 맛을 즐길 수 없습니다.

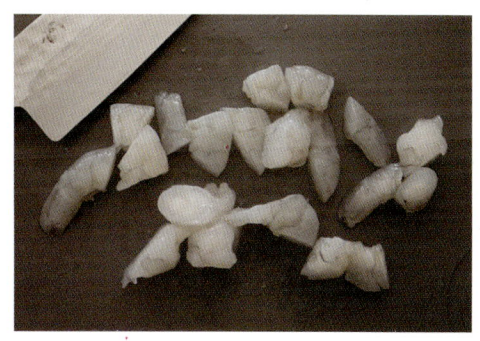

닭다리 정육과 새우는 3번의 감자 크기에 맞게 깍둑 썰어 줍니다.

볼에 썰어 놓은 닭고기, 새우에 저염간장 2큰술, 백령도 까나리액젓 1작은술, 맛술 2큰술, 생강술 2큰술, 후추 약간, 양파가루 1작은술을 넣고 조물조물 밑간합니다. 5분 정도 그대로 두면 닭고기에 밑간이 고루 배어듭니다.

✚ 요즘 제가 요리할 때 자주 애용하는 양파가루입니다. 설탕 대신 사용하기도 해요. 육질을 부드럽게 하거나 잡내를 잡을 때 너무너무 좋아요. 제가 ☼☼에서 양파가루를 주문해 사용한 결과 '피코크 양파가루'가 가장 좋았습니다. 구하기 힘들면 생략해도 됩니다.

6

다른 볼에 감자전분 6큰술, 옥수수전분 4큰술, 양파가루 1작은술을 넣고 고루 섞어 줍니다. 전부 숟가락에 듬뿍 뜬 양입니다.

7

6번에 완전히 얼음처럼 차가운 물 1/2컵을 붓고 반죽을 합니다. 반죽이 너무 빡빡하면 숟가락으로 찬물 3~4큰술을 추가합니다. 반죽의 농도는 살짝 걸쭉한 상태가 적당합니다.

✚ 사람마다 숟가락으로 계량할 때 양이 조금씩 달라서 반죽이 살짝 빡빡해도 당황하지 말고 찬물을 3~4숟가락 추가해 농도를 맞추면 콘칩처럼 바삭한 튀김옷이 만들어집니다.

8

7번의 튀김옷 반죽에 5번의 밑간한 새우와 닭다리, 감자를 넣고 국자로 쓱쓱 휘저어 튀김옷과 한 몸이 되게 합니다.

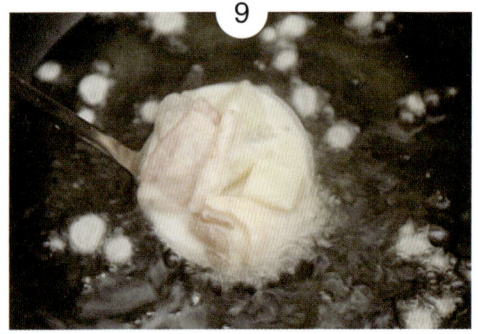

9

팬에 식용유(올리브오일만 빼고 가능) 500ml를 붓고 중약불에서 4~5분 정도 끓여 기름의 온도를 서서히 높여 줍니다.

✚ 센불에서 기름을 가열하면 갑자기 기름 온도가 올라가서 재료를 넣자마자 사방팔방으로 기름이 튀고 연기가 날 뿐만 아니라 겉만 타고 속은 익지 않아요.

당근정말시러의 맛 보장 반찬 특강

10

국자에 8번의 반죽을 고루고루 담아 9번의 기름에 살포시 넣습니다. 하얀 기포가 뽀르르 올라오고 맑고 깨끗하게 튀겨지면 가스불을 중불로 계속 고정합니다.

✚ 8번의 반죽을 넣자마자 연기가 마구 올라오고 기포(반죽 속의 수분)가 사방으로 마구 튀면서 튀김반죽이 2~3초 만에 갈색으로 확~ 변하면 서둘러 불을 끈 채 2~3분 두어 기름의 온도를 낮추세요.

✚ 여기서 한 번에 넣는 튀김반죽이 2~3국자를 넘지 않게 주의합니다. 급한 마음에 4~5국자를 한꺼번에 넣으면 갑자기 기름 온도가 확 떨어져서 눅눅하게 튀겨질 수 있어요.

11

튀김반죽을 2~3국자 넣자마자 마음이 급해서 젓가락이나 튀김집게로 튀김을 마구 뒤집거나 자꾸 건드리면 뒤김반죽이 산산조각 납니다. 2~3분간 차분히 기다렸다 뒤집어 줍니다.

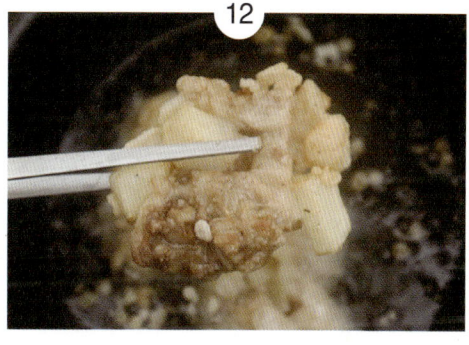

12

2~3분이 지나면 튀김옷이 연한 갈색빛으로 먹기 좋게 튀겨지면서 서로 달라붙습니다. 이제는 젓가락이나 집게로 만지고 뒤집어 주어도 서로 분리되지 않습니다. 앞뒤로 한 번씩 뒤집어 튀겨 준 후 전체적으로 노릇노릇하게 튀겨지면 채반에 건져 냅니다.

2~3분 정도 있다가 다시 12번을 넣고 튀겨 줍니다. 두 번 튀겨야 더욱 바삭바삭 고소하게 즐길 수 있어요. 2차로 튀길 때는 기름에 넣자마자 30~40초 지나 진한 갈색이 돌면 바로 꺼냅니다.

13

PART 03

인기쟁이 밥도둑!

맛보장 밑반찬

밑반찬 하면 가장 기본으로 떠오르는

진미채볶음이에요.

흔히 빨갛게 만들어 먹지만

간장양념으로 볶으면

색다르게 즐길 수 있어요.

자칫 잘못 요리하면 딱딱해서 먹기 힘든데

딱 먹기 좋은 식감으로 만드는 레시피랍니다.

진미채간장볶음

□ 진미채 150g

A의 진미채 간장양념
□ 저염간장 4큰술
□ 조선간장 1큰술

□ 맛술 2큰술
□ 생강술 2큰술
□ 조청 2큰술
□ 꿀 1큰술
□ 오일 3큰술(올리브오일 제외)

HOW TO MAKE

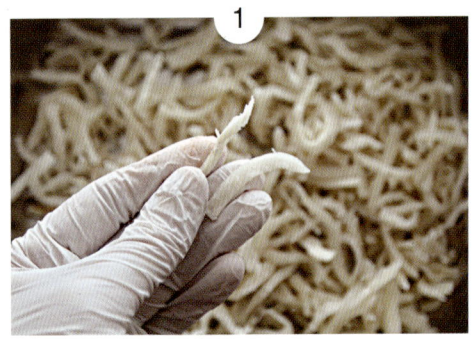

진미채 150g을 가위로 먹기 좋게 잘라 줍니다.

✚ 마트에서 파는 진미채 작은 봉지가 140~150g 정도 해요. 요리하기 전에 진미채를 꼭 잘라 주세요. 안 그러면 접시에 담을 때도, 먹을 때도 불편해요.

1번의 진미채를 큰 볼에 담고 진미채가 잠길 만큼 팔팔 끓는 물을 부어 줍니다. 정확하게 5분간 그대로 두어 진미채의 첨가물을 뺍니다. 찜통에 찌거나 찬물에 담가 빼는 것보다 훨씬 잘 빠지고 잡내마저 없애 줍니다.

진미채를 끓는 물에 담가 두는 동안 A의 진미채 간장양념을 만듭니다. 볼에 저염간장 4큰술, 조선간장 1큰술, 맛술 2큰술, 생강술 2큰술, 조청 2큰술, 꿀 1큰술, 오일 3큰술을 넣고 고루 섞습니다.

✚ 여기서 가장 중요한 건 꿀 1큰술과 오일 3큰술입니다. 오일은 올리브오일을 빼고 어떤 종류든 상관없지만 절대 양을 줄이지는 마세요.

4

5분이 지나면 2번의 진미채를 찬물에 가볍게 한 번 헹구어 낸 후 체에 밭쳐 물기를 빼 줍니다. 언뜻 보면 통통 불은 라면 면발 같아요.

5

팬에 3번의 진미채 간장양념을 모두 붓고 센불에서 바글바글 끓입니다.

6

기포가 생기면서 바글바글 끓어오르면 4번의 진미 채를 넣고 센불에서 조리듯 뒤적이며 볶아 줍니다.

7

1분 30초에서 2분 사이에 간장양념이 사진처럼 자 박하게 졸아들 거예요. 그러면 바로 불을 꺼 줍니다.

✚ 진미채간장볶음은 양념이 촉촉하게 남아 있어야 맛있습니다.

8

진미채간장볶음은 간장양념이 여유 있게, 촉촉하게 남아 있어야 맛있습니다.

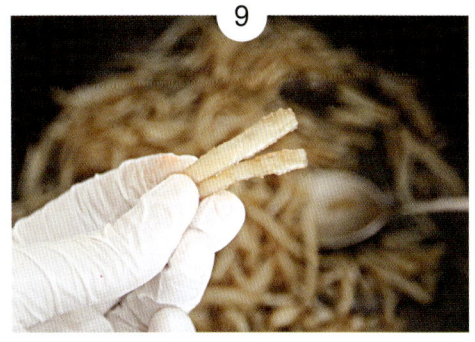

9

불을 끄고 간을 보면 딱 알맞은 간일 거예요. 짜지도 않고 부드러워요. 반찬통에 담아 한 김 식힌 후 냉장 고에 보관하세요.

저의 음식 철학은 모든 음식이 짜지 않고

간이 딱 떨어지게 해서 어린아이도 안심하고

먹을 수 있어야 한다는 거예요.

꼭 당근표 저염간장을 써야 짜지 않고 맛있게 됩니다.

빨간 진미채볶음은 양념장이 살짝 남아 있을 때

불을 끄는 게 중요해요. 딱딱하지 않고

담백한 맛이 입맛을 돋워요. 마늘이나 고추장이

들어가지 않아서 텁텁하지 않아요.

냉장고에 보관하면 1년이 지나도 맛이 그대로~.

빨간 진미채볶음

INGREDIENT

□ 진미채 150g

A의 한식고추기름

□ 오일 3큰술

□ 고춧가루 듬뿍 1큰술

✚ 절대 오일 분량을 줄이면 안 됩니다.

B의 진미채 간장양념

□ 저염간장 4큰술

□ 조선간장 1큰술

□ 맛술 2큰술

□ 생강술 2큰술

□ 조청 2큰술

□ 꿀 1큰술

□ 오일 3큰술(올리브오일 제외)

HOW TO MAKE

〔 전날 고추기름 만들기 〕

볼에 오일 3큰술, 고춧가루 듬뿍 1큰술을 넣고 섞어 A의 한식고추기름을 만듭니다. 오일은 집에서 쓰는 어떤 기름이든 상관없습니다.

숟가락으로 고루 섞은 후 랩을 씌워 냉장고에서 하룻밤 숙성시킵니다.

✚ 중식용 고추기름보다 깔끔하고 담백한 맛이 특징입니다. 이 한식 고추기름이 맛의 한 수입니다. 고추장을 넣지 않아도 엄청 맛있는 진미채를 만들 수 있어요.

당근정말시러의 맛 보장 반찬 특강

〔다음날〕

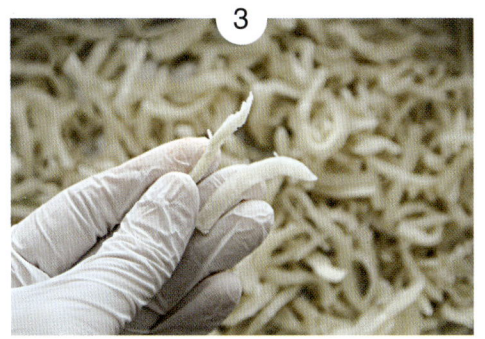

진미채 150g을 가위로 먹기 좋게 잘라 줍니다.

3번의 진미채를 큰 볼에 담고 진미채가 잠길 만큼 팔팔 끓는 물을 부어 줍니다. 정확하게 5분간 그대로 두어 진미채의 첨가물을 뺍니다.

진미채를 끓는 물에 담가 두는 동안 B의 진미채 간장양념을 만듭니다. 볼에 저염간장 4큰술, 조선간장 1큰술, 맛술 2큰술, 생강술 2큰술, 조청 2큰술, 꿀 1큰술, 오일 3큰술을 넣고 고루 섞습니다.

✚ 여기서 가장 중요한 건 꿀 1큰술과 오일 3큰술입니다. 오일은 올리브오일을 빼고 어떤 종류든 상관없지만 절대 양을 줄이지는 마세요.

5분이 지나면 4번의 진미채를 찬물에 가볍게 한 번 헹구어 낸 후 체에 밭쳐 물기를 빼 줍니다. 언뜻 보면 통통 불은 라면 면발 같아요.

7

팬에 B의 진미채 간장양념을 모두 붓고 센불에서 바글바글 끓입니다.

8

간장에서 기포가 나오고 끓어오르면 6번의 진미채와 1번의 A의 한식고추기름을 넣고 센불에서 조리듯이 뒤적이며 볶아 줍니다.

9

센불에서 한식고추기름을 붓고 1~2분이 지나면 양념장이 자박자박 줄어들기 시작합니다. 이때 불을 끕니다. 반찬통에 담아 한 김 식힌 후 냉장고에 넣어 주세요.

✚ 사진처럼 양념장이 남아 있을 때 불을 끄면 됩니다.

당근정말시러의 맛 보장 반찬 특강

소
고
기
가
지
볶
음

Recipe 03

밑반찬으로 즐길 수 있는 소고기가지볶음이에요

'인생 가지볶음'이라고 할 만큼 온 가족이 좋아합니다.

여러 버전으로 식탁에 내놓아 봤는데 확실히 하룻밤

냉장고에 넣었다가 꺼냈을 때 국물 한 방울까지 싹싹

먹더라고요. 꼭 냉장고에 넣었다가 드세요.

국물에 밥을 슥슥 비벼도 그만이에요.

INGREDIENT

□ 통통한 가지 2개(작고 가늘면 2개 반~3개)

□ 소고기 120~150g(불고기감)

□ 대파 1/2뿌리

□ 감자전분 듬뿍 2큰술

□ 오일 2큰술

□ 소금 약하게 2꼬집

□ 참기름 1큰술

□ 후추 약간

A의 가지 양념장

□ 조선간장 1큰술

□ 저염간장 5큰술

□ 멸치육수 4큰술

□ 맛술 2큰술

□ 생강술 2큰술

□ 조청 듬뿍 2큰술

□ 다진 마늘 1큰술

HOW TO MAKE

1

볼에 조선간장 1큰술, 저염간장 5큰술, 멸치육수 4큰술, 맛술 2큰술, 생강술 2큰술, 조청 듬뿍 2큰술, 다진 마늘 1큰술을 넣고 고루 섞어 A의 가지 양념장을 만듭니다.

2

소고기 불고기감이 없을 때는 다짐육도 괜찮습니다. 불고기감은 가늘게 채 썰어 줍니다. 대파 1/2뿌리도 얇게 송송 썰어 준비합니다.

3

통통하고 길이가 긴 가지 2개를 준비합니다. 반으로 가른 후 반달 모양으로 어슷하게 썰어 줍니다. 너무 두껍지 않게(0.3~0.5cm) 얄팍하게 썰어 줍니다.

당근정말시러의 맛 보장 반찬 특강

4

3번의 가지 1개 분량씩을 각각 큰 접시에 평평하게 펼쳐서 올립니다. 가지 1개당 한 접시에 담아 랩을 씌우지 않고 전자레인지에 2~3분씩 돌려 가지 2개를 익혀 줍니다.

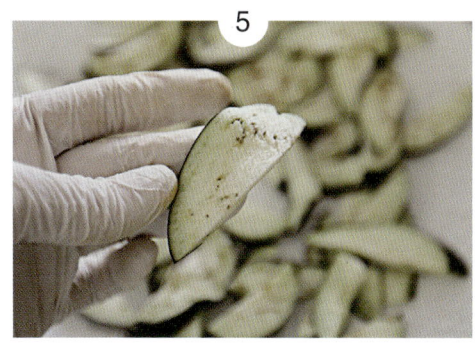

5

가지의 수분이 날아가면서 말랑말랑하게 90% 정도 익은 상태가 됩니다.

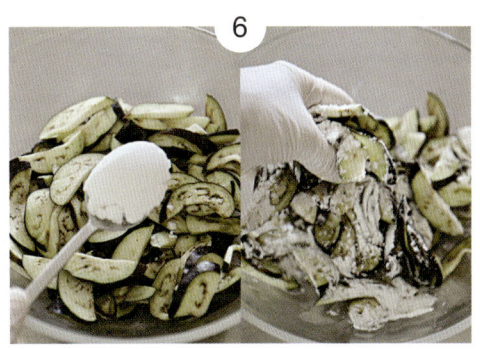

6

5번의 가지 2개를 볼에 담고 감자전분 듬뿍 2큰술을 넣어 조물조물 버무려 줍니다.

7

1분 정도 그대로 두면 가지가 감자전분을 바짝 빨아들입니다. 나중에 요리하고 나면 중식당 가지볶음 같은 부드러움이 느껴집니다.

8

달군 팬에 오일 2큰술과 다진 대파를 넣고 30초 정도 볶습니다.

9

볶은 대파에 소고기를 넣고 소금 약하게 집어서 2꼬집과 참기름 1큰술, 후추 약간을 넣어 센불에서 휘리릭 볶아 줍니다.

사진처럼 소고기가 80~90% 익었다 싶으면 7번의
녹말옷 입힌 가지를 모두 넣습니다.

1번의 A의 가지 양념장을 넣고 센불에서 볶아 줍니다.

✚ 기호에 따라 고추기름 1~2큰술을 추가해서 볶으면 중식당 가지볶
음 맛이 납니다.

센불에서 1분 정도 볶으면 양념이 걸쭉해집니다. 간
을 보고 불을 끕니다. 밥에 마구 비벼 먹기에 딱 알맞
은 간일 거예요. 반찬통에 담아 한 김 식힌 후 냉장고
에 넣어 주세요. 오전에 만들었으면 저녁 반찬으로
내놓아도 좋아요. 냉장고에 넣어 차게 한 후 먹어야
더 맛있어요.

Recipe 04

레몬 껍질로 미세하지만 멸치의 잡내와 비린내를 잡아

더 상큼하게, 더 맛있게 먹을 수 있는 레시피입니다.

시간이 지나도 묵은 냄새도 나지 않아요.

오래 두고 먹는 밑반찬에는 마늘을 넣지 않기 때문에

만든 후에 냉장 보관하세요. 조금씩 덜어 먹으면

1년이 지나도 맛의 변화 없이 즐길 수 있어요.

멀리 유학 중인 자녀가 있다면 안성맞춤 밑반찬입니다.

INGREDIENT

□ 멸치(세멸) 150g

□ 식용유 6큰술

A의 멸치볶음 양념장

□ 물엿 50ml

□ 조청 50ml

□ 레몬 껍질(레몬 1/2개 분량)

□ 저염간장 3큰술

□ 맛술 3큰술

✚ 오래 두고 먹는 밑반찬에는 마늘을 넣지 않아요.

HOW TO MAKE

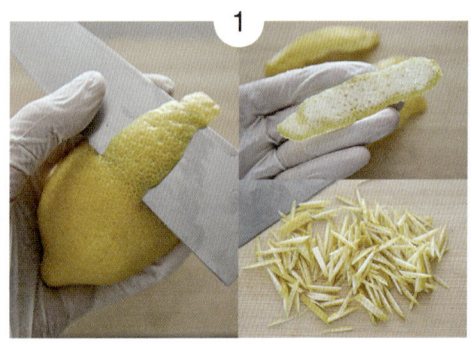

깨끗하게 씻은 레몬 1개 중 절반의 껍질을 아주 얇파하게 도려냅니다. 되도록 하얀 속껍질이 나오지 않게 노란색 껍질만 살살 도려냅니다. 도려낸 껍질은 가늘게 채 썰어 줍니다.

✚ 시큼한 레몬즙을 넣는 것이 아니라 레몬 껍질의 향과 풍미를 이용하는 겁니다.

볼에 물엿 50ml, 조청 50ml, 1번의 레몬 껍질, 저염간장 3큰술, 맛술 3큰술을 넣고 고루 섞어 A의 멸치볶음 양념장을 만듭니다.

✚ 물엿은 밀도가 너무 가볍고, 조청은 촘촘하고 무거워 물엿과 조청을 반반씩 사용했습니다.

멸치 150g을 준비합니다. 잔멸치가 아니라 세멸입니다. 세멸보다 더 작은 잔멸치는 멸치 육질의 맛보다 염도가 높은 편입니다.

당근정말시러의 맛 보장 반찬 특강

화구가 작은 가스불에 팬을 올려 예열하지 않고 바로 식용유 6큰술과 3번의 멸치를 모두 넣고 중불과 약불 사이에서 정확히 2분간 자주자주, 많이많이 뒤적이면서 볶아 줍니다. 불을 끄고 접시에 따로 담아 둡니다.

✚ 마른 멸치는 말 그대로 수분이 없어서 불에 아주 약합니다. 열을 받는 순간 갈색으로 타버리기 때문에 꼭 기름을 넉넉히 두른 후 멸치에 기름이 스며들게 합니다. 멸치 비린내를 잡으면서 고소하고 감칠맛을 높일 수 있어요. 기름을 줄이지 마세요. 하나도 느끼하지 않아요.

4번의 멸치를 볶은 팬에 2번의 A의 멸치볶음 양념장을 모두 붓고 센불에서 바글바글 끓여 줍니다.

양념장이 바글바글 끓어오르면 딱 1분간 센불에서 조려 줍니다. 이때 레몬의 상큼한 풍미가 기분 좋게 올라옵니다.

1분 후 4번의 멸치를 넣고 화구가 작은 가스불에서 센불로 딱 30초만 뒤적이다가 바로 불을 끕니다. 여기서 좀 더 볶아 버리면 넣지가 **딱딱**하게 뭉쳐 버릴 수 있으니 주의하세요.

바로 맛을 보면 단맛은 좀 강한 반면 간은 좀 싱겁게 느껴질 거예요. 5~10분이 지나 다시 간을 보면 딱 맞아요. 물엿과 조청이 멸치 속에 침투해 멸치의 염분을 밖으로 빠져나오게 한답니다. 짜지도 싱겁지도, 너무 달지도 않은 똑 떨어지는 맛이에요.

잔멸치는 다른 멸치에 비해 염도가 높아요.

물엿을 넉넉히 넣으면 멸치의 짠맛이 물엿으로

반 이상 빠져 나오기 때문에 물엿을 듬뿍 넣고

촉촉하게 볶아야 간이 딱 떨어진답니다.

처음엔 살짝 달다 싶지만 하루 정도 지나면

짠맛이 물엿으로 빠지면서 간이 뚝~ 떨어지니

걱정하지 마세요. 유자청을 넣어 유자향이 은은하니

아이들이 먹기 딱~ 좋아요.

유자청멸치볶음

INGREDIENT

- ☐ 세멸치(잔멸치) 3주먹
- ☐ 물엿 1/2컵
- ☐ 유자차나 유자청 2큰술
- ☐ 저염간장 2큰술
- ☐ 오일 5큰술
- ☐ 꿀 1큰술

HOW TO MAKE

멸치는 사진처럼 한 움큼 쥐어서 3주먹을 준비해요.

팬에 오일을 넉넉히 5큰술을 두르고 불을 켭니다. 너무 달구지 말고 바로 멸치를 넣고 1~2분 정도 중불과 약불 사이에서 가볍게 살살 볶아 줍니다. 볶은 멸치는 접시에 따로 담아 둡니다.

➕ 멸치볶음은 오일을 넉넉히 두르고 재빠르게 튀기듯 볶아야 물엿을 넣어도 붙지 않아요.

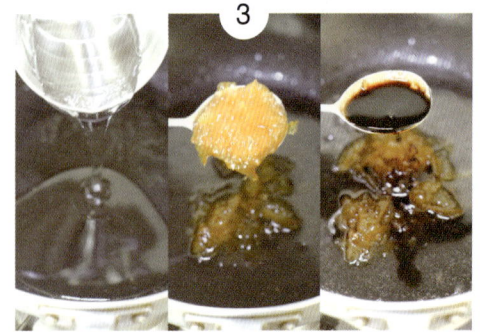

멸치를 볶았던 팬에 물엿 1/2컵, 유자차 2큰술, 저염간장 2큰술을 넣고 와르르~ 끓어오르면 불을 꺼 줍니다.

➕ 유자차입니다. 멸치볶음에 넣으면 아주 맛있답니다~.

당근정말시러의 맛 보장 반찬 특강

4

불을 끈 상태에서 미리 볶아 놓았던 멸치를 넣습니다.

✚ 전 멸치를 냉동 보관하기 때문에 잡내나 비린내가 거의 없어요. 그래서 마른 팬에 볶거나 청주, 마늘, 생강을 넣지 않아요. 양념이 아주 심플합니다.

5

불을 켜고 약불에서 서서히 볶아 줍니다. 물엿이 사진처럼 자박자박해질 때까지만 조려 줍니다.

✚ 물엿과 유자청이 촉촉하게 있으면 이 멸치볶음은 성공한 거예요. 물엿이 많다고 걱정하지 말고 빨리 불을 꺼 주세요.

6

볶은 멸치는 여열이 남아 있는 팬에 그대로 두지 말고 넓은 그릇에 옮겨 담고 꿀을 넣어요.

✚ 꿀은 꼭 마지막쯤에 넣어 주세요. 맛의 차이는 여기서 나옵니다.

7

볶은 멸치는 살살 버무려 주고 부채나 선풍기로 열을 식힙니다. 그래야 멸치가 눅눅해지지 않고 오래 두고 먹을 수 있어요.

멸치볶음을 만들 때 마지막에 꿀을 넣고, 안 넣고는

냉장 보관할 때 맛과 질이 완전 달라져요.

냉장고에 넣고 시간이 지나면 멸치가 고추장양념 때문에

돌처럼 딱딱해지는데 꿀 한 수저를 넣으면

시간이 지나도 딱딱해지지 않고 한 달이 지나도

멸치볶음이 촉촉하고 윤기가 좔좔 흐르는

고급스러운 밑반찬으로 먹을 수 있어요

고추장멸치볶음

☐ 국물용 멸치 크게 2줌

☐ 오일 5큰술

☐ 꿀 1큰술

고추장양념장

☐ 찹쌀고추장 듬뿍 1큰술

☐ 조청 2큰술

☐ 맛술 1큰술

☐ 저염간장 1큰술

HOW TO MAKE

볼에 찹쌀고추장 듬뿍 1큰술, 조청 2큰술, 맛술 1큰
술, 저염간장 1큰술을 넣고 미리 배합해 줍니다. 그
외에는 아무것도 넣지 마세요. 한식은 단순하게 접
근했을 때 더 깊은 맛이 나기도 해요.

멸치는 내장과 머리를 제거하세요.

팬에 오일을 넉넉히 5큰술을 두르고 불을 켜 줍니다.
열기가 약간 올라오면 멸치를 넣고 아주 살짝만 튀
기듯 볶습니다. 볶은 멸치는 따로 담아 둡니다.

4

멸치를 볶았던 팬에 1번의 고추장양념장을 넣고 바글바글 끓어오르면 불을 끕니다.

5

꼭 불을 끈 상태에서 미리 볶아놓았던 3번의 멸치를 넣고 고추장양념장에 잘 버무려 줍니다.

6

멸치볶음의 핵심 포인트는 이 상태에서 꿀을 넣고 뒤적여 주는 거예요.

✛ 메이플시럽, 아가베시럽, 물엿은 절대 안 됩니다. 꼭 꿀이에요. 좋은 꿀은 필요 없고, 마트에서 저렴하게 판매하는 꿀이면 됩니다.

무는 찬바람 불기 시작하면 맛있어져요.

겨울 무를 사다가 직접 무말랭이를 만들어 보세요.

귀찮아도 0.5cm 두께로 썰어 3~4일간 말리면

시판하는 무말랭이보다 1만 배는 맛있답니다.

오독오독 씹히는 무말랭이 식감이 정말 좋아요.

무말랭이만 양념에 무쳐도 좋지만

진미채를 넣어 색다르게 즐겨 보세요.

반찬 없을 때 요긴한 밥도둑이랍니다.

진미채무말랭이무침

INGREDIENT

□ 무말랭이 100g
□ 진미채 150g
□ 고춧가루 150ml
□ 조청 1/4컵

무말랭이 양념장

□ 멸치육수 1컵 반(300ml)
□ 조청 1/2컵(100ml)
□ 백령도 까나리액젓 1/2컵(100ml)
□ 저염간장 1/4컵(50ml)
□ 맛술 1/2컵(100ml)

HOW TO MAKE

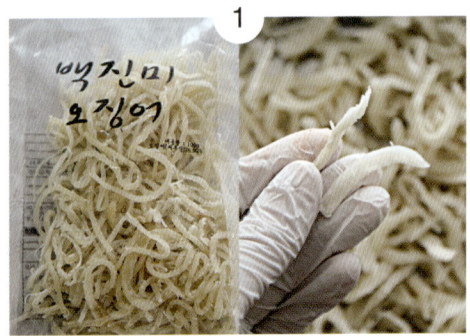

진미채 150g을 먹기 좋은 크기로 잘라 줍니다. 잠깐의 가위질로 나중에 먹기가 훨씬 수월해집니다.

1번의 진미채를 큰 볼에 담고 팔팔 끓는 물을 잠길 정도로 부어 줍니다. 찜통에 찌기도 하고 찬물에 담그기도 하는데 끓는 물이 잡냄새를 없애고 첨가물을 빼는 데 효과적입니다. 끓는 물을 부은 후 5분간 그대로 둡니다.

5분이 지나면 2번의 진미채를 찬물에 가볍게 헹군 후 체에 밭쳐 물기를 빼 줍니다.

✚ 진미채 한 가닥을 집어서 먹어 보세요. 90% 정도 첨가물이 빠졌기 때문에 진미채 특유의 단맛, 짠맛, 감칠맛이 거의 없어요. 맛은 단맛 빠진 껌 같고, 모양은 퉁퉁 불어터진 라면 면발 같아요. 이제 맛있는 무말랭이 양념으로 진미채를 맛있게 만들어 봐요.

당근정말시러의 맛 보장 반찬 특강

✚ 저는 완전히 꼬들꼬들한 무말랭이 식감을 좋아해서 직접 무를 말려서 사용해요. 3~4일간 말리는데, 시판하는 무말랭이보다 조금 더 가늘어서 아작아작 씹는 맛이 최고예요.

바짝 말린 무말랭이 100g을 아주 차가운 물에 30분간 담가 둡니다. 꼬들꼬들한 식감을 살려서 잘 불립니다. 절대 미지근한 물에 담그지 마세요.

30분이 지나면 물에 불린 무말랭이를 건져서 10번 정도 깨끗한 물에 빡빡 주물러 씻은 후 있는 힘껏 물기를 꽉~ 짜 주세요.

무말랭이를 찬물에 불리는 동안 양념장을 만듭니다. 냄비에 멸치육수 1컵 반, 조청 1/2컵, 백령도 까나리 액젓 1/2컵, 저염간장 1/4컵, 맛술 1/2컵을 넣고 센 불에서 끓입니다.

바글바글 끓어오르면 불을 끈 후 20~30분간 그대로 두어 한 김 식힙니다.

✚ 완전히 식히지 않아도 괜찮아요. 따뜻한 정도면 돼요.

7번의 부말랭이 양념이 식으면 고춧가루 150ml를 먼저 넣고 섞어 줍니다. 조청은 나중에 넣을 거예요.

9

미리 준비해 놓은 진미채와 무말랭이를 볼에 담고 8번의 무말랭이 양념장과 조청 1/4컵을 붓고 위아래로 잘 뒤섞어 줍니다.

10

한참 동안 조물조물 버무리고 나면 자박자박한 찌개처럼 양념이 흥건하게 남을 거예요. 사진처럼 양념장이 넉넉히 나오면 아주 잘된 거예요.

✚ 많은 분들이 양념을 뻑뻑하게 만들어 무말랭이를 실패하곤 해요. 양념을 뻑뻑하게 할 경우 빠르면 2~3일 안에, 늦으면 일주일 후에 양념은 말라비틀어지고 간도 약해지는 것은 물론 무는 매워 폭삭 망할 수 있습니다. 무말랭이는 냉장고 안에서 숙성될 때 양념을 야금야금 흡수한답니다. 일주일만 지나도 저 양념의 반이 줄어 있을 거예요. 양념을 흡수해 버리는 것을 감안해 처음부터 양념을 넉넉하고 묽게 만들어야 해요.

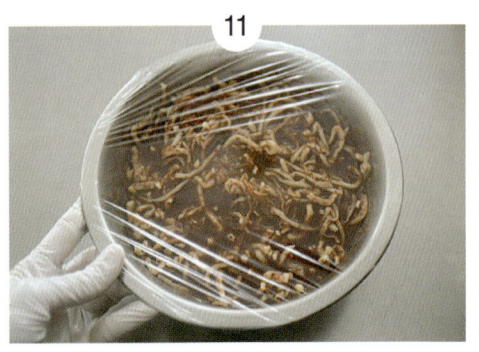

11

볼 위에 랩을 씌워 냉장고에 넣습니다. 2~3일 정도 냉장 숙성시킵니다.

정확히 냉장고에서 숙성시킨 지 3일이 지났을 때 사진이에요. 양념을 훅~ 흡수해 버린 게 보입니다. 양념이 맛있게 잘 스며들었습니다.

이제 반찬통에 담아 냉장고에 넣어 조금씩 꺼내 먹으면 됩니다.

tips

직접 무 말리기

무말랭이는 작은 겨울 무를 1개 반~2개(20cm 정도 크기)를 사다가 0.5cm 두께로 길쭉길쭉하게 썰어서 건조한 실내에서 3~4일간 말립니다. 시판하는 무말랭이를 사용해도 됩니다. 물론 맛은 1만 배 차이가 나지만요. 직접 말리면 꼬들꼬들한 식감이 확실히 달라요.

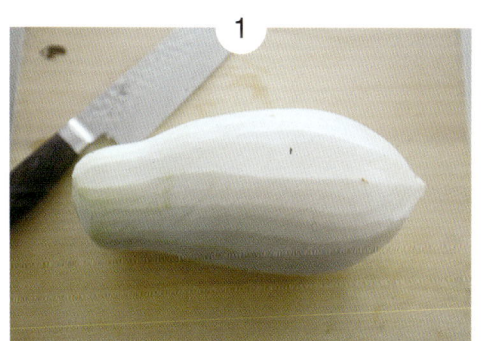

무쳐서 바로 먹으면 맛이 덜해요.

하루 동안 냉장고에서 꼭 숙성시킨 후 드세요.

짜지 않고 입에 딱 떨어지는 간이 되어

더욱 맛이 납니다.

오이지를 4개나 무쳤는데 주말 동안

순식간에 사라졌네요.

꼬들꼬들 씹는 맛이 일품이라 밥도둑이 따로 없어요.

오이지무침

INGREDIENT

1차 염분 제거
- ☐ 오이지 4개
- ☐ 물엿 1컵

✚ 절대 물로 씻어 내지 마세요.

2차 오이지무침 양념
- ☐ 조청 3큰술
- ☐ 고춧가루 2큰술
- ☐ 맛술 1큰술
- ☐ 다진 마늘 1큰술
- ☐ 참기름 2큰술

HOW TO MAKE

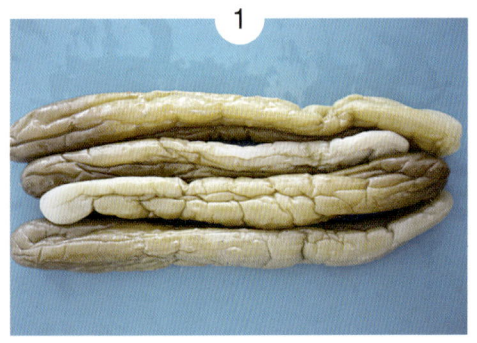

작년에 소금으로만 하는 전통 방식으로 담은 오이지 4개입니다.

✚ 오이지는 좋은 천일염으로 짜게 담가야 오래 보관할 수 있고 골마지가 피지 않으며 무르지 않고 오독오독 식감이 살아요. 오이의 단맛이 쏙 올라와 1~2년이 지나도 꿀맛입니다.

오이지 4개는 흐르는 물에 깨끗이 씻은 후 마른 행주로 물기를 제거해 줍니다. 오이지를 얄팍하게 썰어 줍니다. 두껍게 썰면 염분기가 잘 빠지지 않습니다.

오이지를 볼에 담고 물엿 1컵을 부어 조물조물한 후 1시간 동안 염분기를 적당히 제거합니다. 좀 두껍게 썰었다면 1시간 30분간 둡니다.

당근정말시러의 맛 보장 반찬 특강

중간중간 밑으로 가라앉은 물엿을 뒤적여 줍니다.

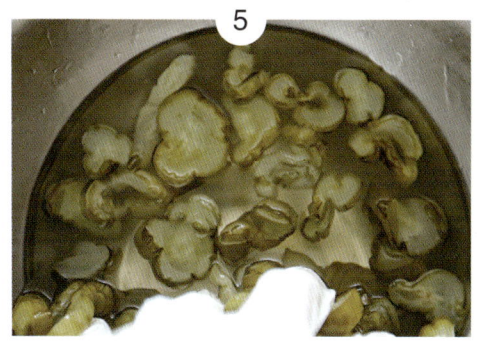

1시간 후 물엿의 삼투압 작용으로 짠 염분기가 수분으로 많이 빠져나와 있을 겁니다.

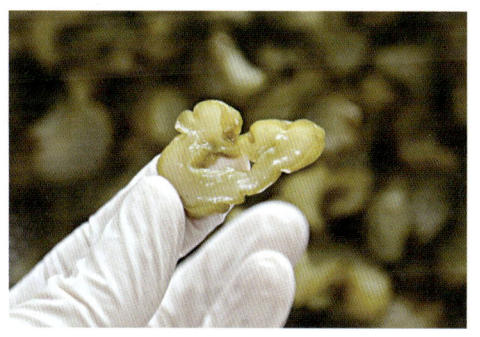

5번의 오이지를 체에 밭쳐 물기를 제거하고 있는 힘껏 10번 이상 짜서 여분의 수분을 제거합니다. 이때 절대로 물에 헹구지 않습니다. 양손으로 10번쯤 짜면 오이지의 식감이 꼬들꼬들해집니다.

볼에 6번의 염분기를 제거한 오이지를 담고 조청 3큰술, 고춧가루 2큰술, 맛술 1큰술, 다진 마늘 1큰술, 참기름 2큰술을 넣고 조물조물 버무려 완성합니다.

➕ 바로 먹으면 맛이 없어요. 하루 정도 냉장고에서 숙성시키면 짜지 않고 똑 떨어지는 간으로 더욱 맛있습니다.

국산 마늘종은 봄에만

잠시 나오는 귀한 식재료라서

봄이면 다양하게 요리해 먹어요.

장아찌도 담고, 마늘기름에 볶아서 먹고,

된장에 무쳐 먹고, 간장양념에 조려 먹고,

아저씨 스타일로 그냥 된장에 찍어도 먹죠.

오늘은 마늘종을 맛있게 무치는

저의 비법을 알려 드릴게요.

마늘종무침

INGREDIENT

□ 마늘종 1줌
□ 감자전분 1큰술
□ 참기름 약간

고추장양념장
□ 고추장 1큰술
□ 조선간장 1작은술
□ 조청 1작은술
□ 꿀 1작은술

HOW TO MAKE

내열 볼에 고추장 1큰술, 조선간장 1작은술, 조청 1 작은술, 꿀 1작은술을 넣은 후 랩을 씌우고 않고 전자레인지에 30초간 돌려 줍니다. 그럼 바글바글 끓어오르면서 양념장이 맛있게 걸쭉해져요.

✚ 꼭 꿀을 넣어 주세요!

1번의 양념장은 중탕으로 한 김 식혀 줍니다.

✚ 양념장을 손가락으로 찍어서 맛을 보세요. 왜 꼭 꿀을 넣고 전자레인지에 30초 정도 돌려야 하는지 바로 아실 거예요~.

마늘종은 작게 잡아서 1줌을 먹기 좋게 잘라 줍니다.

당근정말시려의 맛 보장 반찬 특강

4

3번의 마늘종은 흐르는 물에 깨끗하게 씻어 체에 밭쳐 물기를 어느 정도 뺀 다음 감자전분 1큰술을 넣고 고루 묻혀 줍니다.

✚ 녹말가루를 묻히면 데칠 때 맛이 빠져 나가지 않고, 고추장양념이 마늘종에 짝~ 흡착되어 더더더 맛있게 먹을 수 있답니다. 이런 작은 차이가 100배의 맛 차이를 가져다 줄 수 있으니 손이 가더라도 귀찮아 하지 말고 녹말가루를 입혀 보세요.

5

팔팔 끓는 물에 마늘종을 넣고 30초~1분 정도만 데쳐 바로 찬물에 담가 여열이 남지 않도록 식힙니다.

6

마늘종은 체에 밭쳐 물기를 빼 줍니다. 녹말이 투명해서 마늘종에 묻어 있는지 물에 씻겨 나갔는지 사진으로는 잘 안 보이죠? 감자전분이 마늘종에 투명하게 다 묻어 있답니다.

7

6번의 마늘종에 2번의 고추장양념상을 넣고 살살 버무려 주세요. 마지막에 참기름을 살짝 떨어뜨리면 더 좋아요.

✚ 양념을 부지고 2시간이 지난 사진이에요. 양념이 그릇 밑으로 흘러내리거나 고이지 않았죠? 마늘종에 양념이 딱 달라붙어 얼마나 맛있을지 상상이 가시죠?

마늘종은 새우나 멸치를 넣고 볶은 다음

간장 양념에 조리면 제일 맛있는 것 같아요.

오늘 소개하는 조림장으로 조리면 짜지도 싱겁지도 않은

똑 떨어지는 간에 놀라 '브라보'를 외치게 될지도 몰라요~.

마늘기름을 넣고 볶아 풍미까지 끝내준답니다.

홍새우마늘종조림

□ 마늘종 1줌
□ 마른 홍새우 2줌
□ 마늘기름 2큰술
□ 천일염 2~3꼬집

조림장

□ 저염간장 2큰술
□ 조선간장 1작은술
□ 조청 1작은술
□ 맛술 1큰술
□ 생강술 1큰술

HOW TO MAKE

볼에 저염간장 2큰술, 조선간장 1작은술, 조청 1작은술, 맛술 1큰술, 생강술 1큰술을 넣고 미리 배합해 줍니다.

요만큼이 마늘종 1줌이에요. 마늘종은 깨끗하게 씻어서 손가락 마디 길이로 잘라 줍니다. 마른 홍새우도 준비해 줍니다.

3

팬에 마늘기름 2큰술을 두르고 불을 켜 줍니다. 중불에서 팬을 비스듬하게 기울여서 마늘을 은은하게 볶아 줍니다.

4

마늘기름에서 향긋한 풍미가 올라오면 마늘종을 넣고 중불에서 1~2분간 볶습니다. 이때 천일염 2~3꼬집을 넣어 밑간을 합니다.

5

1~2분 후 홍새우를 넣고 30초 정도 볶아 접시에 따로 담아 둡니다.

6

5번의 마늘종을 볶았던 팬에 1번의 조림장을 붓고 바글바글 끓어오르면 5번의 마늘종과 홍새우를 넣고 중불에서 조림장이 자박자박해지도록 조려 줍니다. 너무 바싹 조리지 말고 살짝 촉촉할 때 불을 꺼주세요.

마른 홍새우는 단맛과 감칠맛이 좋고 찜, 튀김, 찌개 등

각종 요리에 이용할 수 있어 좋아요.

기름을 넉넉히 두른 팬에 마른 홍새우를

튀기듯이 볶는 것이 포인트랍니다.

절대 기름을 아끼지 말고 넉넉하게!

완성된 홍새우볶음을 반찬통에 담아 냉장 보관하면

1년이 지나도 맛이 변하지 않아요.

두고두고 먹을 수 있는 밑반찬이어서

한번 만들어 두면 마음까지 든든합니다.

홍새우볶음

INGREDIENT

□ 마른 홍새우(또는 두절새우) 150g

□ 식용유 6큰술

A의 한식고추기름

□ 고춧가루 듬뿍 2큰술

□ 식용유 3큰술

B의 홍새우볶음 양념장

□ A의 한식고추기름

□ 저염간장 3큰술

□ 조선간장 1작은술

□ 맛술 3큰술

□ 조청 50ml

□ 물엿 50ml

HOW TO MAKE

볼에 고춧가루 듬뿍 2큰술, 식용유 3큰술(올리브오일 빼고 가능)을 넣고 숟가락으로 슥슥 저어 A의 한식고추기름을 만듭니다.

1번의 한식고추기름에 저염간장 3큰술, 조선간장 1작은술, 맛술 3큰술, 조청 50ml, 물엿 50ml를 넣고 섞어 줍니다. 이때 1번의 A의 한식고추기름을 먼저 만든 후에 다른 양념을 넣고 섞어야지 한 번에 같이 넣고 만들면 안 돼요.

마른 홍새우 150g입니다. 대가리가 없는 두절새우로 만들어도 좋습니다.

4

화구가 작은 가스레인지에서 중불과 약불 사이에서 조리고 볶을 거예요.

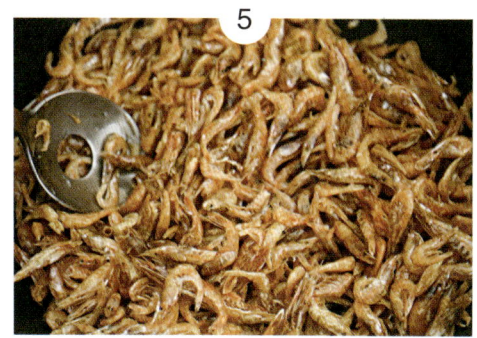

5

예열하지 않은 팬을 화구가 작은 가스불에 올린 후 식용유 6큰술과 홍새우를 넣고 볶아 줍니다. 홍새우는 딱 2분만 천천히 자주 뒤적이면서 볶아 준 후 접시에 담아냅니다.

✚ 절대로 식용유 양을 줄이지 마세요. 저는 오히려 식용유 8~10큰술을 넣고 튀기듯 볶아 줬어요. 홍새우에 기름이 스며들어 새우의 고소한 감칠맛을 극대화합니다. 또한 오래 보관이 가능해지고 건어물 특유의 잡내와 비린내도 잡을 수 있어요.

6

5번의 홍새우를 볶은 팬에 2번의 홍새우볶음 양념장을 모두 넣고 바글바글 끓입니다. 사진처럼 바글바글 끓어오를 때 5번의 홍새우를 넣습니다.

7

중불과 약불 사이에서 홍새우에 양념장이 스며들게 딱 30초만 뒤적거린 후 바로 불을 끕니다.

✚ 1분 이상 볶으면 홍새우가 딱딱해지고 서로 달라붙어서 젓가락으로 집어 먹기 힘들어져요.

그냥 먹어도 맛있는 홍새우. 약방의 감초처럼

홍새우가 들어가 고소하고 감칠맛을 돋웁니다.

요리를 끝내고 간을 보면 바로

흰 쌀밥이 떠오르면서 식욕이 발동하지만

꾹 참고 냉장고에 넣어 차게 해서 드세요.

60배나 더 맛있습니다.

연근이나 우엉 같은 뿌리채소는 늦가을부터

겨울까지가 제철이라 이때 만들어 먹으면

제맛을 즐길 수 있답니다.

홍새우우엉조림

INGREDIENT

□ 우엉 500g

□ 마른 홍새우 80g

□ 굵은 당근 1/2개

□ 오일 8큰술

□ 조청 50ml

A의 조림 양념장

□ 멸치육수 150ml

□ 저염간장 100ml

□ 조선간장 4~5큰술(너무 짜면 4큰술, 무난하면 5큰술)

□ 생강술 4큰술

□ 조청 100ml

□ 맛술 50ml

HOW TO MAKE

볼에 멸치육수 150ml와 저염간장 100ml, 조선간장 4~5큰술, 생강술 4큰술, 조청 100ml, 맛술 50ml를 넣고 섞어 A의 조림 양념장을 미리 만들어 둡니다.

우엉 500g을 필러로 껍질을 벗긴 후 두께 조절이 가능한 채칼로 살짝 두껍게 채 썰어 줍니다. 이때 갈변이 심하게 일어납니다. 껍질을 벗기면 갈변하는 건 당연합니다. 어차피 간장양념에 조려야 하니까 갈변되어도 괜찮습니다. 괜히 식촛물에 담그지 마세요!

✚ 두께 조절이 가능한 채칼이 없다면 일반 채칼을 이용하거나 칼로 썰어도 괜찮습니다.

당근정말시러의 맛 보장 반찬 특강

3

끓는 물에 2번의 채 썬 우엉을 넣은 후 거품이 바글바글 끓어오르면 바로 불을 끕니다. 데친 우엉을 찬물에 헹군 후 체에 밭쳐 물기를 빼 줍니다.

✚ 귀찮다고 이 과정을 생략하면 안 됩니다. 반드시 데쳐서 써야 흙냄새가 없어지고 우엉 특유의 텁텁하고 아린 맛도 날아갑니다.

4

크고 굵은 당근 1/2개(늘씬하고 작으면 2/3개)도 우엉과 같은 굵기로 채 썰어 준비합니다.

5

마른 홍새우 80g을 준비합니다. 우엉보다는 홍새우를 골라먹을 정도로 이 요리의 주인공이지요.

6

팬에 오일 5큰술을 두르고 센불에서 20초간 예열한 후 홍새우를 넣습니다.

✚ 홍새우를 볶을 땐 처음부터 팬을 예열하지 않습니다. 팬에 기름을 두른 후 센불에서 예열합니다. 이때 팬을 너무 오래 예열하면 홍새우를 넣자마자 타버릴 수 있으므로 주의하세요.

7

홍새우 80g을 넣고 정확하게 50초~1분 정도 바짝 튀기듯 볶다가 불을 끄고 접시에 따로 담습니다.

8

7번의 홍새우 볶았던 팬을 키친타월로 가볍게 닦아 준 후 다시 오일 3큰술과 4번의 당근을 넣고 30~40초간 볶습니다.

볶은 당근에 3번의 데친 우엉을 넣고 센불에서 2~3분 정도 더 볶아 줍니다.

우엉이 차분하고 나른하게 숨이 죽으면 1번의 A의 조림 양념장을 모두 넣습니다. 이때 센불을 유지해 주세요.

조림 양념장을 넣은 후 1분 정도 지나면 전체적으로 양념장이 바글바글 끓어오릅니다.

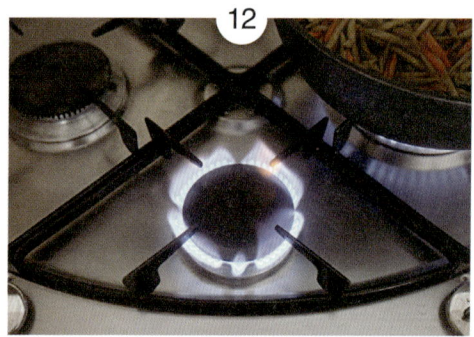

양념장이 끓기 시작하면 작은 크기의 화구로 옮겨 5분간 뒤적여 가며 졸입니다. 화구는 작지만 센불에서 조려 줍니다.

5분 후 미리 볶아 놓은 홍새우를 넣고 3분간 뒤적여 가며 볶습니다.

3분이 지나면 불을 끄고 조청 50ml를 넣고 뒤적입니다. 남아 있는 열기로 우엉이랑 홍새우에 윤기를 더해 줍니다. 맛을 보면 바로 먹고 싶지만 꾹 참고 차갑게 식혀서 드세요. 지금보다 60배 맛있습니다.

꽈리고추홍새우조림

Recipe 13

여름 밑반찬으로 그만이에요. 엄마 생각이 난다며

특히 남자들이 좋아하는 밑반찬이에요.

만들어서 뜨거울 때 먹으면 별로 맛이 없어요.

한 김 식혀 냉장고에 넣었다가 다음 날부터 먹어야

제맛이 난답니다. 꽈리고추와 홍새우를 같이 먹으면

밥반찬으로 따 알맞은 기이 돼요.

보기만 해도 군침이 도네요.

INGREDIENT

- ☐ 꽈리고추 2봉지(200g 정도)
- ☐ 찹쌀가루 듬뿍 1큰술
- ☐ 마른 홍새우 1컵(대략 28~30g)
- ☐ 오일 3큰술

A의 꽈리고추 조림장
- ☐ 멸치육수 6큰술
- ☐ 맛술 3큰술

- ☐ 생강술 3큰술
- ☐ 조청 듬뿍 2큰술
- ☐ 조선간장 2큰술
- ☐ 저염간장 5큰술
- ☐ 다진 마늘 1큰술

✚ 당근표 저염간장으로 만들어야 해요. 다른 맛간장으로 하면 맛이 전혀 달라요.

HOW TO MAKE

1

볼에 멸치육수 6큰술, 맛술 3큰술, 생강술 3큰술, 조청 듬뿍 2큰술, 조선간장 2큰술, 저염간장 5큰술, 다진 마늘 1큰술을 넣고 고루 섞어 A의 꽈리고추 조림장을 만듭니다.

2

대형마트에 가면 꽈리고추 1봉지에 대략 100g이 담겨 있는데 2봉지를 준비합니다.

3

마른 홍새우는 종이컵으로 1컵(28~30g)을 준비합니다. 두절새우도 괜찮아요.

4

꽈리고추는 양념장이 잘 스며들 수 있게 꼭지를 깨끗하게 잘라 줍니다. 꼭지를 완전히 제거해야 양념이 잘 스며들어 조림장이 겉돌지 않고 맛있게 조려집니다.

5

꼭지를 잘라낸 꽈리고추를 깨끗이 씻은 후 체에 밭쳐 적당히 물기를 제거합니다. 포크로 가볍게 1~2번 콕콕 찔러 구멍을 냅니다. 그래야 간이 고루 잘 배어들어요.

6

꽈리고추에 물기가 적당히 남아 있을 때 찹쌀가루 듬뿍 1큰술을 넣고 가볍게 버무린 후 내열 볼에 담습니다. 랩을 씌우지 않고 전자레인지에 3분 정도 돌립니다.

✚ 전자레인지에서 3분 돌린 후 꺼내어 보면 꽈리고추에 찹쌀가루가 고루 묻혀서 50~60% 익은 상태예요. 애벌로 쪄야 조림장에 잘 조려지고 식감이 살아 있어요. 오래 조려도 많이 짜지지도 않고요. 모양도 살아 있답니다. 저는 찜통에 찌는 과정을 이렇게 전자레인지로 간단히 해결해요.

7

예열하지 않은 팬에 오일 3큰술과 홍새우를 넣고 중불과 약불 사이에서 대략 2분간 살살 볶아 줍니다. 홍새우에 은은한 감칠맛이 감돌고, 맛있는 냄새가 확 올라옵니다. 그러면 불을 바로 끈 후 접시에 담아 냅니다.

✚ 건어물은 꼭 넉넉한 기름에 볶아야 합니다. 양파와 대파를 기름에 달달 볶으면 달콤한 맛이 올라오는 것처럼요. 오일이 홍새우 살에 쏙 스며들어 마른 새우의 깊은 간칠맛을 살려 줍니다. 많은 분들이 건어물(특히 멸치)을 마른 팬에 볶는데, 쌉싸름하고 쓴맛이 납니다. 이것이 요리의 한 끗 차이예요.

8

7번의 홍새우를 볶은 팬에 1번의 A의 꽈리고추 양념
장을 모두 붓고 센불에서 바글바글 끓여 줍니다.

9

양념장이 끓어오르면 6번의 꽈리고추와 볼 아래 떨
어진 찹쌀가루까지 모두 넣어 중불에서 앞뒤로 뒤적
거리며 2~3분간 조리듯 볶습니다. 중불에서 2~3분
간 조리면 오른쪽 사진처럼 됩니다.

10

7번의 홍새우를 넣고 중불에서 1~2분 정도 더 뒤적
거리며 조립니다. 홍새우를 처음부터 넣고 조리면
꽈리고추에 양념이 스며들기도 전에 새우가 양념장
을 스펀지처럼 흡수해 버려 꽈리고추에는 간이 배지
않아요.

11

홍새우를 넣고 1~2분 뒤적이다가 양념장이 자박하
게 남아 있을 때 불을 <u>끄고</u> 마무리합니다. 한 김 식혀
냉장고에 넣은 후 그다음 날 차갑게 먹어야 더 맛있
습니다.

꽈리고추골뱅이매콤조림

Recipe 14

마땅한 반찬거리가 없어서 우연히 만들어 봤는데

꽈리고추와 골뱅이의 만남이 이토록 환상적이라니….

탱글탱글, 쫄깃쫄깃한 골뱅이와 짭조름한 양념이 잘 밴

꽈리고추를 함께 먹으면 입에 착 달라붙으면서

어쩜 이리 맛있을까요? 배콤짭짤해서

술안주로도, 밥반찬으로도 제격입니다.

INGREDIENT

□ 꽈리고추 2봉지(200~220g)

□ 골뱅이통조림 1캔(큰 것)

□ 찹쌀가루 듬뿍 1큰술

A의 꽈리고추 조림장

□ 저염간장 5큰술

□ 조선간장 2큰술

□ 다진 파 2큰술

□ 다진 마늘 1큰술

□ 멸치육수 150ml

□ 오일 2큰술

□ 맛술 2큰술

□ 생강술 2큰술

□ 조청 2큰술

□ 고춧가루 2큰술

HOW TO MAKE

대형마트에 가면 꽈리고추 1봉지에 대략 100g이 담겨 있는데 2봉지를 준비합니다.

꽈리고추는 양념장이 잘 스며들 수 있게 꼭지를 깨끗하게 잘라 줍니다. 꼭지를 완전히 제거해야 양념이 잘 스며들어 조림장이 겉돌지 않고 맛있게 조려집니다.

꼭지를 잘라낸 꽈리고추를 깨끗이 씻은 후 체에 밭쳐 적당히 물기를 제거합니다. 포크로 가볍게 1~2번 콕콕 찔러 구멍을 냅니다. 그래야 간이 고루 잘 배어들어요.

4

3번의 꽈리고추에 물기가 적당히 남아 있을 때 찹쌀가루 듬뿍 1큰술을 넣고 가볍게 버무립니다. 찹쌀가루 묻힌 꽈리고추를 내열 볼에 담습니다. 랩을 씌우지 않고 전자레인지에 3분 정도 돌립니다.

5

전자레인지에서 꽈리고추를 익히는 동안 A의 꽈리고추 조림장을 만듭니다. 볼에 저염간장 5큰술, 조선간장 2큰술, 다진 파 2큰술, 다진 마늘 1큰술, 멸치육수 150ml, 오일 2큰술, 맛술 2큰술, 생강술 2큰술, 조청 2큰술, 고춧가루 2큰술을 넣고 고루 섞어 줍니다.

➕ 멸치육수와 오일은 꼭 들어가야 합니다.

6

3분 후 전자레인지에서 꽈리고추를 꺼냅니다. 색감도 예쁘고 찹쌀가루가 고추에 착 달라붙어 70% 정도 잘 쪄졌을 거예요.

7

골뱅이는 통조림에서 꺼내 깨끗이 씻은 후 체에 밭쳐 물기를 제거합니다.

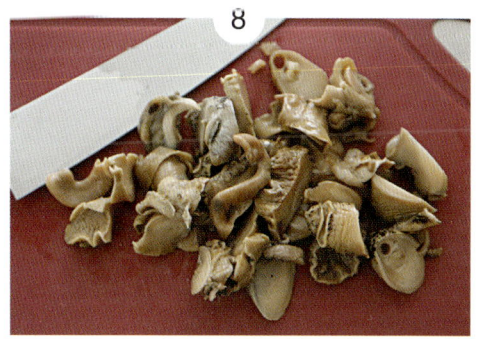

8

골뱅이 1개당 3등분이 되게 잘라 줍니다.

9

팬에 A의 꽈리고추 조림장을 넣고 셀불에서 끓입니다. 조림장이 바글바글 끓어오르면 6번의 꽈리고추를 모두 넣습니다. 이때 볼 아래 가라앉은 찹쌀가루도 모두 넣어 줍니다.

꽈리고추를 넣은 후 다시 조림장이 바글바글 끓어오
르면 중불로 불을 조절하고 숟가락으로 뒤적거리며
2~3분 정도 조리듯 볶아 줍니다.

2~3분 후 조림장이 첫 번째 사진만큼 남았을 때 손
질한 8번의 골뱅이를 모두 넣고 센불에서 딱 1분만
더 볶아 줍니다. 미련 갖지 말고 1분이 지나면 바로
불을 꺼 줍니다.

✚ 골뱅이는 이미 익혀서 나온 거여서 계속 볶으면 딱딱하고 질겨집
니다. 센불에서 1분만 볶으면 양념이 배고 식감이 아주 부들부들 촉
촉하고 탱탱합니다.

소고기꽈리고추 메추리알장조림

Recipe 15

소고기장조림에 꽈리고추와 메추리알을 넣었어요.

먼저 소고기를 조려낸 후 꽈리고추와 메추리알을 조리세요.

메추리알, 꽈리고추, 소고기 순으로 맛이 빨리 변하기

때문에 따로따로 담아 보관해야 안전하게 오래 두고 먹을 수 있답니다.

수비드장조림, 돼지고기장조림도 자주 하는데

장조림의 여왕은 뭐니 뭐니 해도 소고기꽈리고추메추리알장조림이지요.

식구들 모두 정말 좋아할 거예요.

INGREDIENT

□ 우둔살 450~500g

□ 멸치육수 1컵(200ml)

□ 꽈리고추 1봉지

□ 메추리알 50개 정도

□ 식초 1큰술

□ 구기자 1큰술(생략 가능)

A의 장조림 양념장

□ 멸치육수 50ml

□ 저염간장 150ml

□ 조선간장 50ml

□ 맛술 50ml

□ 생강술(또는 청주) 50ml

□ 조청 100ml

HOW TO MAKE

메추리알 28개짜리 2판을 사다가 삶았어요. 냄비에 물과 메추리알, 식초 1큰술을 넣고 끓이다가 물이 팔 팔 끓기 시작하면 5분 더 삶아 줍니다. 찬물에 담가 껍질을 까 줍니다.

✚ 제가 40년 넘게 메추리알이나 달걀을 삶아 본 결과, 삶기 전에 메 추리알이나 달걀을 냉장고에서 꺼내 실온에 1시간 이상 두어야 해요. 그래야 껍질이 잘 벗겨집니다.

장조림용 우둔살 450~500g을 준비해 대략 가로세 로 10cm 간격으로 썰어 줍니다.

볼에 2번의 고기를 담고 정수기 온수나 팔팔 끓는 물 을 고기가 푹 잠길 만큼 붓고 5분간 그대로 둡니다. 사진처럼 핏물과 잡내가 빠집니다. 이 단계에서 고 기의 잡내를 확실하게 잡아 줘야 합니다.

3번의 고기를 깨끗하게 썻은 후 체에 밭쳐 물기를 빼 줍니다.

냄비에 4번의 고기를 넣고 정성껏 우린 멸치육수 1컵 (200ml)을 부어 센불에서 팔팔 끓입니다.

5번이 팔팔 끓기 시작하면 화구가 작은 가스불로 냄 비를 옮겨 약불에서 끓입니다. 뚜껑을 닫고 30분간 조려 줍니다.

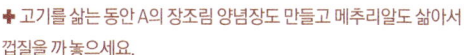

+ 고기를 삶는 동안 A의 장조림 양념장도 만들고 메추리알도 삶아서 껍질을 까놓으세요.

볼에 멸치육수 50ml, 저염간장 150ml, 조선간장 50ml, 맛술 50ml, 생강술 50ml, 조청 100ml를 넣고 섞 어서 A의 장조림 양념장을 만듭니다.

꽈리고추 1봉지도 깨끗하게 썻어 꼭지를 제거한 후 체에 밭쳐 물기를 빼 줍니다.

30분이 지나 6번의 고기를 건져 낸 후 냉동실에 넣 어 10분 정도 식혀 줍니다.

10

냉동실에서 10여 분 식힌 고기를 먹기 좋게 손으로 잘게 찢어 줍니다.

✚ "앗, 뜨거워" 노래를 부르며 뜨거운 고기를 바로 손으로 찢는 분들이 있는데 냉동실에 넣고 10분간 식혔다가 찢으면 훨씬 잘 찢어지고 손을 델 염려도 없어요.

11

10번의 잘게 찢은 고기를 6번의 고기 삶은 냄비에 그대로 다시 넣고 7번의 A의 장조림 양념장과 구기자 1큰술을 넣어 줍니다. 센불에서 팔팔 끓입니다. 구기자가 없으면 생략해도 됩니다.

12

팔팔 끓기 시작하면 가스레인지 화구가 작은 곳으로 옮겨 약불로 줄여 줍니다.

13

뚜껑을 아주 살짝 비스듬하게 닫고 20분간 끓입니다. 자칫 냄비 뚜껑을 꽉 닫아 놓으면 간장양념이 끓어 넘쳐 난리가 납니다.

14

20분 후 뚜껑을 열고 고기 하나 집어서 맛을 보면 간이 딱 알맞습니다. 완성된 고기를 반찬통에 먼저 건져 담고 간장양념을 고기가 잠길 만큼 붓습니다.

✚ 소고기장조림에 추가로 들어가는 메추리알이나 꽈리고추는 익히는 시간이 서로 다르고 나중에 음식이 상하는 속도도 다릅니다. 일단 소고기를 먼저 시간에 맞게 익히고, 반찬통을 두 개 준비하여 소고기 따로, 메추리알과 꽈리고추를 따로 담아 보관해야 오래 두고 먹을 수 있어요. 한 달 이상이 돼도 맛의 변화가 없습니다.

15

남은 간장양념에 먼저 꽈리고추를 넣어 조립니다. 8번의 꽈리고추를 넣고 센불에서 조리다가 양념이 끓기 시작하면 뚜껑을 비스듬히 닫아 줍니다.

16

가스레인지에서 화구가 작은 곳에서 약불로 10여 분간 조립니다. 꽈리고추 색이 사진처럼 나와야 오래 두고 먹을 수 있습니다. 푹 익어서 꽈리고추가 간장양념을 흠뻑 머금고 있어야 합니다.

17

꽈리고추가 푹 조려지면 메추리알 50개를 넣고 센불에서 끓입니다.

18

간장양념이 팔팔 끓기 시작하면 중불로 낮추고 정확히 2분만 더 끓인 후 불을 끕니다.

✚ 혹 메추리알을 넣고 20~30분간 조리는 분이 있는데, 메추리알 겉면이 딱딱해지고 쪼글쪼글해집니다. 부드럽지가 않아 밥에 넣고 비벼 먹기에는 별로입니다. 달걀은 간장물에 담그기만 해도 간이 잘 배기 때문에 굳이 오랜 시간 조리지 않아도 됩니다.

19

정확히 2분 후 불을 끕니다. 반찬통에 꽈리고추와 메추리알만 따로 담아 보관합니다.

소고기장조림을 만들기 귀찮을 때

간단하게 만드는 반찬이에요.

저는 이렇게 만드는 게 더 맛있더라고요.

작고 귀여운 메추리알 반찬은 아이들도 잘 먹는답니다.

메추리알을 녹말가루에 묻혀 기름에 볶으면

간장양념이 아주 맛나게 스며들어요.

메추리알소고기볶음

INGREDIENT

□ 메추리알 1판
□ 볶음 소고기 3큰술
□ 마늘기름 1큰술
□ 식초 1큰술
□ 감자전분 1작은술

간장양념장

□ 저염간장 3큰술
□ 조선간장 1큰술 반
□ 맛술 2큰술
□ 조청 1작은술

HOW TO MAKE

메추리알은 조리하기 1시간 전에 상온에 꺼내 놓으세요. 시간이 없으면 체온 정도의 물에 10분 정도 담가 놓아요. 바늘이나, 옷핀을 가스 불에 2~3초 달구어 사진처럼 아주 살짝 메추리알을 찔러 줍니다.

✚ 이것을 바늘침이라고 합니다. 노른자까지 가지 말고 아주 살짝만 찔러 주세요. 작은 구멍 사이에 수분이 들어가서 껍질과 알을 분리하면서 익혀 줍니다.

물이 팔팔 끓어오르면 식초 1큰술을 넣고 메추리알을 국자나 계량컵을 이용하여 살포시 넣습니다. 뚜껑을 닫고 5~6분 정도 중불과 약불 사이에서 삶아줍니다.

삶은 메추리알은 찬물에 헹구어 껍질을 벗겨 주세요. 바늘침 효과로 1~2개 정도는 불량이 나오지만 대부분 깔끔하게 잘 벗겨집니다.

3번의 메추리알에 감자전분 1작은술을 넣고 살살 버무려 줍니다.

✚ 이 과정은 메추리알에 간장양념이 잘 배게 옷을 입히는 거랍니다.

당근정말시러의 맛 보장 반찬 특강

달구어진 팬에 마늘기름 1큰술을 두릅니다.

녹말가루옷을 입은 메추리알을 중불에서 달달~ 볶아 줍니다.

1~2분 정도 볶다 보면 메추리알 표면이 노릇노릇 까슬까슬해졌을 거예요. 바로 볶음 소고기를 넣어 줍니다.

저염간장 3큰술, 조선간장 1큰술 반, 맛술 2큰술, 조청 1작은술을 고루 섞은 간장양념장을 팬에 부어요.

중불과 약불 사이에서 자박자박하게 졸이듯 볶아 줍니다.

1·2분 정도 볶아 사신과 같은 상태가 되면 불을 끄고 마무리합니다. 양념은 아주 살짝 짭조름한데 장조림보다 염도가 높지 않아요.

깍둑 모양으로 썬 돼지고기와 무,

그리고 메추리알이 어우러진 밑반찬이에요.

바로 먹기보다는 하루 이틀 냉장 숙성시켜 드세요.

흰밥에 살캉살캉한 무와 짭조름한 양념이 밴

메추리알을 넣고 쓱쓱 비벼 먹을 때가 최고 꿀맛이에요.

물론 돼지고기도 맛있지만요. 개인적으로는

달큼한 무가 사르르 으깨져 밥알과 어우러지면

마음의 병마저 치유되는 느낌이에요. 조림 양념장을

짜지 않게 만들어 아이들도 맛있게 잘 먹어요.

돼지고기메추리알무조림

INGREDIENT

□ 수육용 돼지 목살 350~400g

□ 겨울 무 350~400g

□ 메추리알 30~35알(1판에 40알짜리)

□ 통마늘 10~12톨

□ 구기자 1큰술(생략 가능)

A의 조림 양념장

□ 멸치육수 1컵

□ 저염간장 1/2컵(100ml)

□ 조선간장 1/4컵(50ml)

□ 조청 1/2컵(100ml)

□ 생강술 1/4컵(50ml)

□ 맛술 1/4컵(50ml)

HOW TO MAKE

볼에 정성껏 우린 멸치육수 1컵, 저염간장 1/2컵 (100ml), 조선간장 1/4컵(50ml), 조청 1/2컵 (100ml), 생강술 1/4컵(50ml), 맛술 1/4컵(50ml)을 넣고 고루 섞어 A의 조림 양념장을 준비합니다.

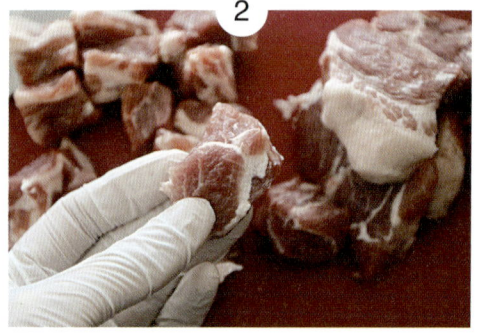

수육용(덩어리 고기) 돼지 목살 350g을 메추리알 크기로 깍둑썰기 합니다.

돼지고기를 빈 볼에 담고 팔팔 끓는 물이나 정수기 온수를 고기가 잠길 정도로 부어 1~2분 정도 그대로 둡니다. 핏물도 잘 빠지고 잡내가 깔끔하게 정리됩니다.

시간이 지나면 찬물에 깨끗하게 씻어 물기를 제거합니다.

당근정말시러의 맛 보장 반찬 특강

메추리알 1판 40알짜리를 삶아서 껍질을 벗깁니다. 껍질 까다가 먹는 양까지 감안해서 40알짜리를 삶았습니다. 저도 껍질을 까다가 너무 먹고 싶어서 6알을 먹었어요. 위 사진 속 메추리알은 34알입니다.

맛있는 겨울 무 350~400g도 메추리알 크기로 깍둑깍둑 썰고, 통마늘 10~12톨도 썻어서 준비합니다. 무의 흰 부분은 아린 맛과 매운맛이 강해 조림에 적당합니다.

코팅된 궁중팬에 준비한 1번의 A의 조림 양념장과 손질한 돼지고기, 통마늘, 무를 넣고 센불에서 팔팔 끓어오를 때까지 끓입니다. 집에 구기자가 있으면 함께 넣고 끓였다가 건져 내세요. 없으면 생략해도 됩니다.

조림 양념장이 팔팔 끓으면 화구가 작은 가스불로 옮긴 후 약불과 중불 사이로 불을 조절해 계속 끓입니다. 잔잔한 중불이라고 생각하면 됩니다.

뚜껑을 닫고 20분간 조리듯 끓입니다.

20분 후 뚜껑을 열고 미리 준비한 5번의 메추리알을 모두 넣고 조려 줍니다.

메추리알을 넣고 조림 양념장이 다시 끓기 시작하면 이제부터 중불에서 뚜껑을 열고 5분간 더 조려 줍니다.

✚ 메추리알을 처음부터 넣고 조리면 쪼그라들어 딱딱하고 질겨집니다. 꼭 마지막 과정에 넣어 주고 딱 5분만 더 조려 주어야 맛있습니다.

불을 끄고 간을 보세요. 일부러 짜지 않게 했어요. 국물에 밥을 마구 비벼 먹을 정도로 똑 떨어지는 간으로 했습니다. 돼지고기도 쫄깃하고 맛있지만 개인적으로 살캉살캉한 무와 메추리알을 으깨어 비벼 먹으면 꿀맛이더라고요.

✚ 냉장 숙성시키면 돼지고기 기름이 하얗게 살짝 굳을 거예요. 기름은 걷어 내고 먹을 만큼만 접시에 담아 전자레인지에 40초에서 1분 정도 돌려서 먹으면 됩니다.

당근정말시러의 맛 보장 반찬 특강

Recipe 18

블로그에서 연근조림에 대해 리서치해 보니

쫀득쫀득한 스타일을 훨씬 많이 좋아하더라고요.

하지만 아삭아삭한 식감을 원하는 분들을 위해

쫀득쫀득함 90%, 아삭아삭함 10%를 내는

레시피를 만들었습니다.

짜지 않고, 윤기는 좔좔 흐르지만 과하게 달지 않습니다.

아마 반찬가게 것보다 31배는 맛있을 겁니다.

INGREDIENT

□ 흙연근 600g
□ 오일 5큰술
□ 마늘 1~2톨

A의 연근조림장
□ 정성껏 우려낸 멸치육수 1/2컵(100ml)
□ 저염간장 8큰술
□ 조선간장 2큰술
□ 맛술 1/4컵(50ml)
□ 조청 1/2컵 정도
□ 구기자 조금(생략 가능)

HOW TO MAKE

볼에 정성껏 우려낸 멸치육수 1/2컵(100ml), 저염간장 8큰술, 조선간장 2큰술, 맛술 1/4컵(50ml), 조청 1/2컵(또는 1/2컵보다 조금 적게), 구기자 조금(없으면 생략)을 넣고 배합해 A의 연근조림장을 만들어 줍니다.

✚ 제가 이 양념에 사용하는 조청은 설탕 1큰술의 당도입니다. 많이 달지 않으니 줄이지 마세요.

맛있는 연근조림을 하려면 연근을 알고 구입해야 합니다. 사진처럼 짜리몽땅하면서 휘어지지 않고 전체적으로 방망이처럼 생긴 연근이 제일 맛있습니다.

반대로 늘씬하고 길쭉하며 약간 휘어져 있는 숫연근은 맛이 싱거우며 어떤 때는 퍼석거리기도 합니다. 조림 반찬은 사진처럼 생긴 암연근을 골라야 합니다. 연근은 필러로 껍질을 벗겨 줍니다.

3

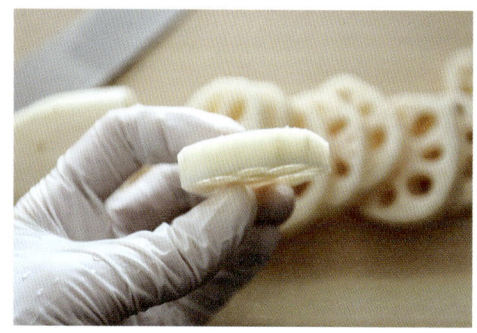

연근은 1cm 두께로 썰어 줍니다. 이때 식초물에 담그거나 끓는 물에 데치면 절대 쫀득쫀득한 연근조림을 만들 수 없습니다.

연근은 껍질을 벗기면 갈변하는 건 당연합니다. 하지만 간장물에 조릴 거니 갈변되어도 괜찮고, 맛에 지장도 전혀 없습니다.

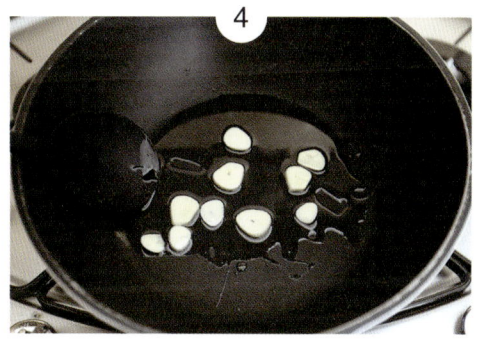

4

5

달구지 않은 팬에 오일 5큰술, 두껍게 편으로 썬마늘 1~2톨을 넣어 줍니다. 불을 켜고 센불에서 10~15초 정도 마늘에서 달콤한 향이 올라올 때까지 기다립니다.

마늘에서 달콤한 향이 올라오면 3번의 연근을 넣고 작은 화구의 중불에서 5분 정도 뒤적여가며 볶아 줍니다. 여기서 굉장히 꼼꼼하게 볶아야 연근이 쫀득쫀득하고 아주 살짝 이삭한 식감이 나옵니다. 이 과정이 쫀득한 연근조림을 만드는 포인트입니다.

6

5분 후 1번의 A의 연근조림장을 붓고 센불로 올려 줍니다.

조림장이 사진처럼 바글바글 끓어오르면 중불로 줄이고 조림장이 자작자작한 느낌이 나도록 8~10분 정도 조려 줍니다.

이때 한눈팔지 말고 부지런히 뒤적여가면서 양념이 연근에 잘 스며들도록 정성을 들여야 합니다.

8~10분 후 조림장이 사진만큼 남았을 때 불을 끄면 촉촉한 스타일의 연근조림이 됩니다.

9

8번 과정에서 2분 정도 더 조리면 양념장이 찐득찐득한 스타일이 됩니다. 취향에 따라 조림 정도를 선택하면 됩니다. 저는 찐득찐득한 스타일을 좋아해서 2분 더 조렸습니다.

10

마지막으로 간을 보면 짜지 않고 쫀득쫀득하며 산뜻한 아삭함이 10% 숨어 있을 겁니다. 한 김 식힌 후 간을 보면 당도가 그리 높지 않을 겁니다. 밀폐용기에 담은 후 한 김 식혀 냉장고에 넣어 줍니다.

Recipe 19

고추장물은 된장으로 하기도 하고

고춧가루와 고추장으로 하기도 해요.

여러 가지 버전이 있지만 저는 저염간장으로 만든

고추장물이 제일 맛있는 것 같아요.

딱 어른들의 밥도둑 반찬이에요.

김밥에 넣어도 좋고, 쌈에 곁들어 먹어도 좋답니다.

제일 맛있게 먹는 방법은

갓 지은 하얀 밥 위에 살포시 올려 먹는 거랍니다.

경상도식 고추장물

INGREDIENT

□ 청양고추(또는 풋고추) 5~6개
□ 국물용 멸치 1줌
□ 마늘기름 2큰술

조림장

□ 저염간장 2큰술
□ 조선간장 1큰술
□ 조청 1큰술
□ 맛술 1큰술
□ 다진 마늘 1작은술

HOW TO MAKE

1

화끈하게 매운맛을 좋아하면 청양고추로, 매운맛에
약하면 청양고추 1~2개와 나머지는 풋고추를 사용
하세요. 고추는 송송 썰고, 멸치는 내장과 머리를 제
거하고 주방가위로 잘게 잘라 줍니다.

✚ 멸치는 칼로 썰면 잘 안돼요. 가위로 잘라주세요!

2

볼에 저염간장 2큰술, 조선간장 1큰술, 조청 1큰술,
맛술 1큰술, 다진 마늘 1작은술을 넣고 고루 섞어 주
세요. 고추장물은 살짝 짭조름해야 맛있기 때문에
양념을 살짝 간간하게 배합했어요.

3

팬에 마늘기름 2큰술을 두르고 1번의 멸치와 고추
를 넣고 중불에서 살짝 볶아 줍니다.

4

볶다보면 맵싸한 풍미가 확~ 올라올 거예요. 그때
2번의 조림장을 붓고 자박자박하게 조리면 됩니다.
조림장이 자박자박할 때 불을 꺼 주세요.

당근정말시러의 맛 보장 반찬 특강

Recipe 20

간이 딱 떨어지는 깻잎찜은 은근 사랑받는 밥도둑이죠.

반찬가게에서 자주 사 먹던 깻잎찜이랑은 많이 달라요.

제가 배합한 저염간장 양념장이 100배는 더 맛있어요~.

마트에서 한 봉지에 천 원이면 구입할 수 있는 깻잎을 사서

겁나 맛있는 저염간장 양념장으로 만들어 보세요.

□ 깻잎 4뭉치(40장 정도)

□ 양파 1/4개

□ 통마늘 3톨

□ 대파 1뿌리

양념장

□ 고춧가루 2큰술

□ 저염간장 4큰술

□ 조선간장 2큰술

□ 맛술 1큰술

□ 설탕 1작은술

□ 멸치육수 4큰술

HOW TO MAKE

양파는 너무 길지 않게 사진처럼 얇고 잘게 채 썰고, 대파는 송송 썰고, 마늘은 얇게 편으로 썰어요.

✚ 당근을 얇게 채 썰어 넣어도 좋아요. 다진 마늘 1작은술을 넣어도 되지만 좀 더 향긋하고 맛나게 드시려면 얇게 편으로 썬 마늘을 넣으세요.

볼에 고춧가루 2큰술, 저염간장 4큰술, 조선간장 2큰술, 맛술 1큰술, 설탕 1작은술, 멸치육수 4큰술을 넣고 고루 섞은 후 1번에서 손질한 재료를 모두 넣고 배합해 줍니다.

3

마트에 가면 한 봉지에 천 원씩 하는 깻잎입니다. 요렇게 4뭉치면 40장 정도 될 거예요. 흐르는 물에 깨끗하게 씻어 탈탈~ 털고 물기를 완전히 제거해 줍니다.

4

손질한 깻잎을 2장씩 겹치고 2번의 양념장을 2작은술 정도씩 가볍게 발라 내열 볼에 차곡차곡 담아 줍니다.

5

냄비에 물이 끓기 시작하면 중불로 줄이고 4번의 깻잎을 담은 내열 볼을 넣고 뚜껑을 닫은 후 15분 정도 쪄 줍니다.

✚ 깻잎도 발효가 일어나서 시간이 지나면 시큼털털해지니 향긋한 생깻잎김치를 좋아하면 일주일 안에 먹을 양만 만드세요.

간장물에 푹 재워 삭혔을 뿐인데

이것 하나만으로도 한 끼가 해결되네요.

다른 반찬이 필요 없어요.

흰밥 위에 마약깻잎 한 장 살포시 올려 먹는데

중독성이 제대로입니다.

은은하게 혀끝을 자극하는 연겨자가 신의 한 수랍니다.

그렇다고 겨자 맛이 너무 강하지는 않으니

걱정하지 마세요.

마약
깻잎

□ 깻잎 300장(마트표 묶음용 깻잎 3봉지)

□ 통마늘 12~15톨

□ 양파 1개~1개 반

A의 마약깻잎 간장물

□ 저염간장 1컵(200ml)

□ 백령도 까나리액젓 1/2컵(100ml)

□ 양조식초 1컵 반(300ml)

□ 조청 150ml

□ 맛술 50ml

□ 연겨자 듬뿍 3큰술

HOW TO MAKE

냄비에 저염간장 1컵, 백령도 까나리액젓 1/2컵, 양조식초 1컵 반, 조청 150ml, 맛술 50ml를 넣습니다.

1번을 팔팔 끓여 A의 마약깻잎 간장물을 만듭니다. 팔팔 끓인 간장물은 찬물에 중탕으로 한 김 식힙니다. 이때 물을 자주 갈아 주어야 빨리 식어요.

2번의 간장물이 식을 동안 깻잎 300장 정도를 깨끗이 씻은 후 물기를 탈탈 털어 줍니다.

양파 1개와 마늘 12~15톨은 슬라이스 채칼로 아주 얇게 채 썰어 줍니다. 양파와 마늘이 아주 얄팍해야 깻잎을 먹을 때 합이 딱 맞습니다.

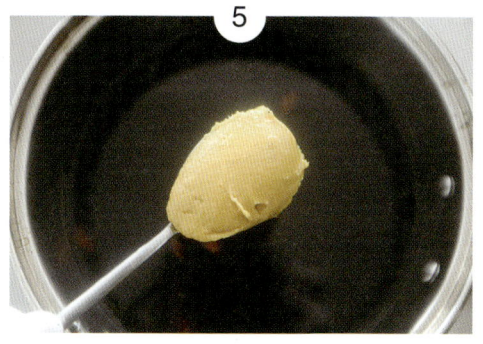

2번의 간장물이 식으면 연겨자 듬뿍 3큰술을 넣고 고루 섞어 줍니다.

✚ 연겨자가 생각처럼 곱게 풀어지지 않을 거예요. 체에 밭쳐 숟가락으로 으깨듯 풀어 줍니다.

5번의 간장물에 채 썬 양파와 마늘을 넣어 줍니다.

깻잎 3~4장에 한 번씩 양파와 마늘만 조금씩 올려 차곡차곡 재운 후 남은 간장물을 다 부어 줍니다.

간장물에 잠긴 깻잎 위에 작은 종지 2개를 올려 깻잎이 간장물에 푹 잠기게 합니다.

냉장고에 넣어 이틀이 지나 어느 정도 숙성되었을 때 먹으면 됩니다. 깻잎 향이 살아 있으면서도 간간하게 간이 배어 중독성 있는 깻잎입니다.

전통 방식으로 만든 삭힌 깻잎장아찌예요.

누구에게는 안동국시집에서 먹었던 그 맛이 날 것이고,

누구에게는 엄마 생각을 불러일으키는 맛일 거예요.

"그래, 바로 이 맛이야." 하는

감탄사가 절로 나오는 맛이랍니다.

과정이 다소 복잡하다고 생각할지 모르지만

깊은 풍미가 느껴지는 이 맛을 한번 맛보고 나면

불평이 쏙 들어갈 거예요.

삭
힌
깻잎장아
찌

□ 깻잎 300장(마트표 묶음용 깻잎 3봉지)

A의 깻잎 절임물

□ 물 7컵

□ 3년 이상 간수 뺀 천일염 1/2컵

B의 깻잎 양념장

□ 양파 1개

□ 대파 1/2뿌리(흰 부분만)

□ 고춧가루 4큰술

□ 저염간장 5큰술

□ 백령도 까나리액젓 4큰술

□ 조청 듬뿍 3큰술

□ 다진 마늘 2큰술

HOW TO MAKE

깻잎 300장은 깨끗이 씻어 물기를 털어 줍니다.

물 7컵에 3년 이상 간수를 뺀 천일염 1/2컵을 넣고 손으로 휘저어 소금을 녹입니다.

✚ 소금이든 설탕이든 젓지 않고 그대로 두면 5시간이 지나도 절대로 저절로 녹지 않습니다.

1번의 깻잎을 2번의 소금물에 푹 담가 2시간 정도 절입니다.

2시간 후 깻잎이 나른하게 숨이 죽으면 절대로 씻지 말고 그대로 채반에 건져 랩핑한 후 냉장실에서 2~3 일간 삭힙니다.

✚ 절대 깻잎을 씻지 마세요!

3일 후 냉장고에서 깻잎을 꺼내면 사진처럼 깻잎이 짙은 브라운색을 띱니다. 아주 잘 삭은 상태입니다.

찬물에 딱 10분만 담갔다가 건져, 삭히면서 생긴 깻잎의 아린 맛을 뺍니다.

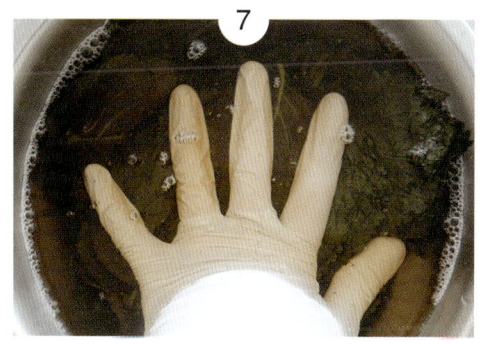

10분 후 시커먼 물이 빠져나오면 건져서 물기를 꼭 짭니다.

중간 크기 양파는 곱게 갈고, 대파 1/2뿌리(흰 부분
만)는 송송 썰어 줍니다.

볼에 8번의 양파와 대파, 고춧가루 4큰술, 저염간장
5큰술, 백령도 까나리액젓 4큰술, 조청 듬뿍 3큰술,
다진 마늘 2큰술을 넣고 고루 섞어 줍니다.

✚ 조청은 반드시 듬뿍 떠서 넣어야 똑 떨어지는 맛이 나옵니다.

삭은 깻잎에 큰 것은 2장에 한 번, 작은 것은 3장에
한 번꼴로 양념장을 발라 반찬통에 차곡차곡 넣어
줍니다.

랩핑한 후 뚜껑을 닫아 3~4일간 냉장 숙성시킨 후
먹으면 됩니다.

냉장 숙성 3일 후의 모습입니다. 흰밥에 삭힌 깻잎
장아찌를 한 뭉치 꺼내 먹으면 밥도둑이 따로 없습
니다.

Recipe 23

짜지 않아 아이들도 잘 먹고, 어른들도 좋아하는 아주 고급진 반찬이에요.

김장아찌는 파래김이나 돌김으로 만들면 다 풀어져서 곤죽이 된답니다.

그러니 꼭 김밥용 구운 김으로 만드세요.

그래야 김 특유의 비린 맛도 덜하답니다.

제가 두 가지 모두 해 봤으니 믿고 만들어 보세요.

□ 김밥용 구운 김 40장

□ 다시마 1조각

□ 마른 고추 1/2개

□ 참깨 적당량

✚ 꼭 김밥용 구운 김입니다. 재래김이랑 김밥용 구운 김 모두 해 봤는데 김의 비린 맛과 살짝 풀어지는 것을 보완해 주는 건 '김밥용 구운 김'이에요.

간장물

□ 저염간장 1컵

□ 조선간장 1/4컵

□ 맛술 1/4컵

□ 청주 1/4컵

□ 조청 1/2컵

□ 진한 다시마육수 1/2컵

HOW TO MAKE

냄비에 저염간장 1컵, 조선간장 1/4컵, 맛술 1/4컵, 청주 1/4컵, 조청 1/2컵, 진한 다시마육수 1/2컵을 넣고 와르르 끓여 줍니다.

불을 끄고 다시마 1조각과 가늘게 썬 마른 고추를 넣어 줍니다. 다시마가 간장물에 엉기도록 뚜껑을 닫고 30분 정도 그대로 두었다가 다시마를 건져 냅니다. 간장물을 찬물에 중탕으로 완전히 식혀 줍니다.

✚ 마른 고추가 없으면 넣지 않아도 돼요.

3

김은 밥숟가락 크기로 먹기 좋게 잘라 줍니다. 밥반
찬으로 먹는 장아찌라서 너무 크게 자르면 먹기 불
편해요.

4

자른 김을 밀폐용기에 담고 완전히 식은 2번의 간장
물을 천천히 조금씩 부어 줍니다.

5

간장물을 붓고 손가락으로 김의 양끝과 중앙을 살포
시 눌러서 간장물이 스며들도록 도와줍니다. 간장물
을 붓고 그냥 두면 나중에 김이 쪼그라들어서 못난
이 곰보빵이 된답니다.

✚ 건조되었던 마른 김이 시간이 지나면서 간장물을 야금야금 먹으니
사진처럼 간장물을 넉넉하게 붓고 10여 분간 그대로 둡니다.

6

이제 작은 반찬통에 김을 각 잡아 보관할게요. 5번의
김을 5장 정도 건져 반찬통에 넣고 참깨를 솔솔 뿌
려 줍니다. 꼭 간장물을 잘박하게 잠길 정도로 붓습
니다.

✚ 차곡차곡 참깨를 뿌려서 보관하면 얌전하고 기품 있어 보여요.

짜지 않고, 입에 쫙 붙는 것이 진짜 맛있어서

밥을 먹다 웃음이 나올 거예요.

직접 담근 맛있는 찹쌀고추장이 있으면 좋지만,

시판 찹쌀고추장으로 해도 기본 이상의 맛이 나니

꼭 만들어 보세요.

김장아찌는 꼭 김밥용 김을 사용해야 합니다.

밥에 올려 먹어도 좋고, 수육에 곁들여 먹으면

정말정말 맛있답니다.

고추장김장아찌

INGREDIENT

□ 김밥용 구운 김 20장

A의 고추장양념장
□ 찹쌀고추장 1컵
□ 정성껏 우려낸 멸치육수 1컵(200ml)

□ 맛술 1/4컵(50ml)
□ 생강술(또는 청주) 1/4컵(50ml)
□ 저염간장 1/2컵(100ml)
□ 꿀 1/4컵

HOW TO MAKE

꼭 코팅팬에 찹쌀고추장 1컵, 정성껏 우려낸 멸치육수 1컵(200ml)을 넣어 줍니다.

맛술 1/4컵(50ml), 생강술(또는 청주) 1/4컵(50ml), 저염간장 1/2컵(100ml)을 넣어 줍니다.

✚ 당근표 저염간장으로 하지 않으면 간이 짜고 맛이 없을 거예요.

꼭 꿀 1/4컵을 넣어 줍니다. 꿀 대신 조청이나 물엿을 넣으면 절대로 이 맛이 나지 않아요.

✚ 꿀은 마트에서 판매하는 저렴한 제품이면 충분합니다.

팬을 가스불에 올리고 센불에서 천천히 저으면서 끓여 줍니다. 사진처럼 바글바글 끓어오르면 불을 끄고 팬을 찬물에 중탕으로 담가 한 김 바짝 식혀 A의 고추장양념장을 만들어 줍니다.

당근정말시러의 맛 보장 반찬 특강

A의 고추장양념장을 식히는 동안 김을 잘라 줍니다. 김밥용 구운 김 20장을 사용했습니다. 감태, 곱창김, 돌김, 파래김으로 하면 폭삭 망합니다. 원초가 긴 김밥용 김으로 해야 합니다.

김은 4등분으로 길게 자른 후 각각을 다시 4등분으로 잘라 줍니다. 김장아찌는 크기가 작아야 먹기 좋고, 숟가락에 쏙 올라가 간이 뚝 떨어지게 먹을 수 있답니다.

6번의 김을 유리용기에 차곡차곡 담고 4번의 A의 고추장양념장을 천천히 부어 줍니다. 양념이 많다 싶어도 주저하지 말고 다 부어 줍니다.

젓가락으로 살포시 김을 눌러 양념김에 잠기게 해줍니다. 이렇게 양념장이 흥건해야 잘된 거예요. 시간이 지나면서 마른 김이 양념장을 다 빨아 먹어요.

나중에 김장이찌를 하나 건져서 맛을 보면 너무 맛있어서 나도 모르게 살인미소를 발사하게 될 거예요. 하룻밤 냉장 숙성시켜 드세요.

PART 04

SPECIAL SIDE DISHES

요리인 듯 반찬인 듯!

맛보장 스페셜 반찬

담백한 갈치 아래위로 무를 깔고

칼칼하게 조려 내면 금세 밥 한 그릇 뚝딱이지요.

저는 자글자글 끓는 팬을 그대로 식탁에 올려서

먹는 편이에요. 갈치 살을 발라서 먹고

살캉살캉한 무를 먹은 후 남은 양념에

김치를 쫑쫑 썰어 볶음밥을 해 먹습니다.

온 가족 숟가락질이 바빠져요.

저는 갈치도 맛있지만 무를 더 좋아해요.

칼칼한 양념이 스민 무를 한 입 먹으면

작은 행복이 밀려옵니다.

갈치조림

□ 손질된 냉동 갈치 1팩(대부분 1마리분이고
   250~300g 정도)

□ 무 1/2~1/3토막(500~600g)

□ 대파 1뿌리

□ 맛술 2큰술

□ 생강술 2큰술

□ 조청 1큰술

□ 간 양파 1/2개분(중간 크기)

1차 양념장

□ 정성껏 우려낸 멸치육수 1컵(200ml)

□ 다진 마늘 1큰술

□ 저염간장 5큰술

□ 백령도 까나리액젓 1큰술

2차 양념다대기

□ 고춧가루 3큰술

□ 참기름 3큰술

□ 다진 마늘 1큰술

□ 생강술 1큰술

HOW TO MAKE

볼에 정성껏 우려낸 멸치육수 1컵(200ml), 다진 마늘 1큰술, 저염간장 5큰술, 백령도 까나리액젓 1큰술, 맛술 2큰술, 생강술 2큰술, 조청 1큰술, 양파 1/2개 간 것을 넣고 섞어 1차 양념장을 만듭니다.

또 다른 볼에 고춧가루 3큰술, 참기름 3큰술, 다진 마늘 1큰술, 생강술 1큰술을 넣고 섞어 2차 양념다대기를 만듭니다.

✚ 고춧가루를 기본으로 하는 조림을 할 때는 귀찮더라도 두 양념장을 따로 만들어 시간차를 두고 양념해야 갈치조림이 짜지 않고 똑 떨어지는 간으로 맛나게 조려집니다.

3

생협에서 구입한 냉동 갈치 300g입니다.

✚ 냉동 생선 하면 꺼리는 분들이 많은데, 갈치는 낚시로 잡든 그물로 잡든 잡자마자 99%가 죽는다고 보면 됩니다. 시중에 유통되는 '생물 갈치'라고 쓰인 것은 수산시장에서 새벽 경매를 통해 마트나 시장으로 나온 제품입니다. 냉장 유통으로 잘 관리되긴 하지만 문제는 구입해서 식탁에 올리기까지의 시간입니다. 구입하자마자 바로 조리해서 먹으면 비린내가 나지 않지만 냉장고에 두었다가 다음 날 혹은 그다음 날 먹으면 100% 비린내가 납니다. 특히 구이보다 조림으로 해먹으면 비린내가 작렬합니다. 그날 사서 그날 먹을 게 아니라면 현지에서 영하 60도 냉동고에서 바로 급냉하여 유통되는 냉동 갈치가 어찌 보면 더 안전하고 조리하기 편합니다. 저는 갈치조림을 할 경우 웬만하면 냉동 갈치를 구입합니다. 반면 구이를 할 때는 돈을 좀 더 주더라도 살이 오른 생물을 구입하는 편입니다. 물론 그날 안 해 먹을 때는 고민하지 않고 바로 냉동합니다.

4

3번의 냉동 갈치는 깨끗하게 씻은 후 체에 밭쳐 물기를 빼 줍니다. 현지에서 급냉으로 유통된 냉동 갈치는 일부러 내장을 제거할 필요는 없습니다. 조림에는 내장 부분, 특히 애, 간 등이 들어가야 국물이 깊고 맛있습니다. 하지만 냉장고에서 하루 이틀 있다가 냉동시킨 갈치라면 내장을 잘 정리해야 비린내가 나지 않습니다. 그리고 냉동 갈치는 씻으면서, 양념장을 만드는 동안 자연스럽게 해동이 되니 하루 전에 미리 해동해 놓지 않아도 됩니다.

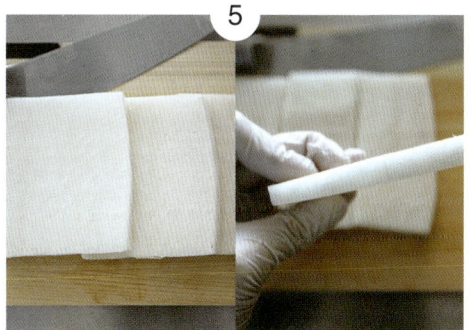

5

27~30cm의 큰 무 1/3토막을 사용합니다. 1/3토막의 무를 반으로 나누어 줍니다. 그중 1토막은 남기고 나머지는 살짝 두껍게(1cm는 안 되게) 썰어 줍니다. 20~25cm의 작은 크기 무는 1/2토막 사용하세요.

6

26~27cm 되는 팬에 5번의 두툼한 무를 가지런히 깔아 줍니다. 그 위에 4번의 갈치를 가지런히 올려 줍니다. 무 위에 갈치를 올려야 무가 부서지지 않고 바닥에 눌어붙지도 않습니다.

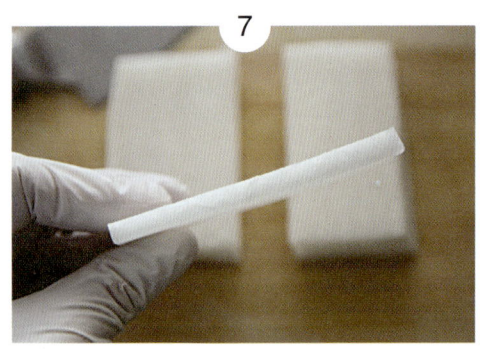

7

5번에서 남긴 1토막의 무는 얄팍하게 썰어 줍니다.

8

6번 갈치 위에 7번의 무를 이불을 덮어 주듯 가지런히 올려 줍니다. 갈치에 무를 덮어서 조리면 조림장이 마르지 않고 촉촉합니다. 무의 단맛과 양념장이 갈치에 스며들어 맛있어집니다!

9

8번의 팬을 가스불에 올리고 1번의 1차 양념장을 모두 붓고 센불에서 바글바글 끓입니다.

10

부글부글 끓어오르면 뚜껑을 닫고 약불에서 15분간 더 끓입니다.

11

끓이는 동안 대파 1뿌리(가늘고 작은 대파라면 2뿌리)를 가늘게 채 썰거나 혹은 어슷하게 썹니다.

12

10번의 뚜껑을 열어 보면 무에 1차 양념장이 스며들어 간이 된 상태이고 말캉하게 익어 있을 겁니다. 무가 갈치를 지켜줘 갈치 살이 부서지지 않고 온전합니다.

13

2번의 2차 양념다대기를 넣어 줍니다. 숟가락으로 1차 양념장을 끼얹어 가며 2차 양념다대기를 잘 풀어 줍니다. 그다음 가늘게 채 썬 대파를 올려 줍니다.

14

2차 양념다대기가 잘 풀어졌으면 다시 뚜껑을 닫고 약불에서 5분간 뭉근히 끓입니다. 이때 약불은 뜸 들이는 약불이 아니라 힘이 있는 약불입니다.

15

5분 후 뚜껑을 열고 간을 보세요. 짜지도 맵지도 않을 거예요. 칼칼하고 시원한 국물이 일품입니다.

비린내 때문에 생선을 잘 못 먹는 분들의

입맛까지 사로잡는 레시피입니다.

향긋한 가을 햇생강과 꿀, 레몬의 풍미가

똑 떨어지는 조림장이 간간하게 스며들어

기분 좋게 먹을 수 있습니다.

가을에 물오른 고등어로 조리면

촉촉한 살점과 향긋한 풍미에

입이 호사를 누린답니다.

허니레몬 고등어 조림

INGREDIENT

□ 고등어 1마리(500~600g)

□ 감자전분 2큰술

□ 생강술 1큰술

□ 후추 약간

□ 식용유 4~5큰술

A의 고등어조림 양념장

□ 멸치육수 1/2컵(100ml)

□ 저염간장 4큰술

□ 백령도 까나리액젓 1큰술

□ 꿀 1큰술

□ 조청 1큰술

□ 맛술 3큰술

□ 생강술 3큰술

□ 레몬 1/3개(얄팍하게 3~4조각)

□ 생강 50~60g(마늘 3~4톨 크기)

□ 통마늘 3~4톨

HOW TO MAKE

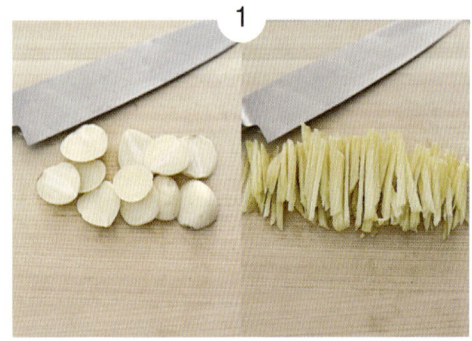

통마늘 3~4톨은 살짝 도톰하게 편으로 썰고, 생강 1톨은 가늘게 채 썰어 준비합니다.

✚ 오늘의 주인공은 가을 햇생강입니다. 햇생강은 쓴맛이 없고 향긋해요.

볼에 1번의 생강과 마늘, 얄팍하게 썬 레몬 3~4조각, 멸치육수 1/2컵(100ml), 저염간장 4큰술, 백령도 까나리액젓 1큰술, 꿀 1큰술, 조청 1큰술, 맛술 3큰술, 생강술 3큰술을 넣고 섞어 A의 고등어조림 양념장을 만듭니다.

✚ 백령도 까나리액젓이 없으면 조선간장 1작은술로 대체하세요.

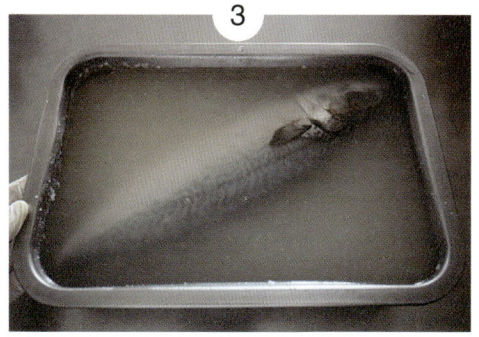

소금 간이 된 냉동 고등어 1마리입니다. 양념장에 조리면 짠맛이 강하므로 쌀뜨물에 담가 짠맛을 빼 줍니다. 쌀뜨물이 없을 때는 고등어가 잠길 만큼 물을 붓고 밀가루 3큰술을 풀어 넣어 주고 냉장고에서 하루 반나절 정도 둡니다. 이렇게 하면 짠맛도 덜하고 비린내도 줄어듭니다.

✚ 생물 고등어라면 이 과정을 생략하고 바로 4번으로 갑니다.

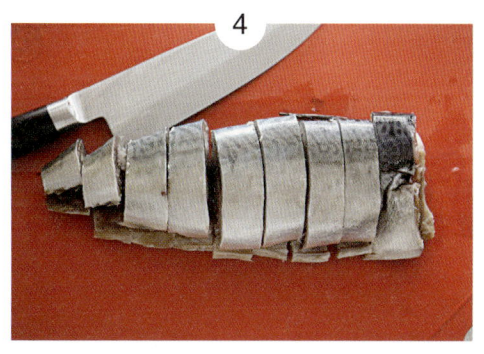

5시간 후 3번의 고등어를 가볍게 씻은 후 물기를 제거합니다. 대가리, 꼬리, 지느러미를 제거하고 5~6cm 간격으로 잘라 줍니다.

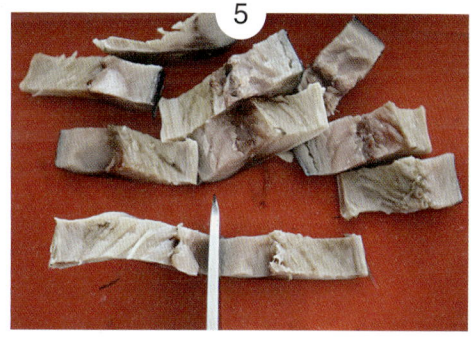

팬에 굽기 편하고 손쉽게 집어 먹을 수 있게 한 번 더 잘라 줍니다.

자른 고등어를 볼에 담아 생강술 1큰술, 후추 약간을 넣고 조물조물 버무려 남아 있는 비린내를 잡아 줍니다.

감자진분 2큰술을 6번에 넣고 다시 조물조물 버무려 줍니다.

8

예열한 팬에 식용유 4~5큰술을 두른 후 고등어를 넣고 센불과 중불 사이에서 앞뒤 노릇노릇하게 구워 줍니다. 30초~1분 뒤에 뒤집어 줍니다.

9

고등어가 앞뒤로 노릇하게 구워지면 A의 고등어조림 양념장을 모두 붓고 가스레인지의 작은 화구에서 센불로 바글바글 끓을 때까지 기다립니다.

10

바글바글 끓어오르면 그때부터 6분간 중불에서 조려 줍니다.

11

6분간 조린 상태입니다. 양념장이 자박자박하게 조려져 있어요. 미련을 두지 말고 빨리 불을 끕니다.

Recipe 03

여름 무는 겨울 무에 비하면 맛이 없지만

조림을 해 놓으면 기막히게 맛있어요.

잘 조린 무는 차갑게 먹어도 그만이에요.

저는 일부러 냉장고에 하루 두었다가 다음 날 먹어요.

입맛 없는 여름날, 병어조림으로 기운을 차렸답니다.

삼복더위엔 삼계탕이라지만 저는 병어조림을 강력 추천합니다.

□ 병어 2마리(1마리당 200~250g)

□ 무 500~550g

□ 감자 1개(생략 가능)

□ 대파 1뿌리

□ 식용유 2큰술

A의 병어조림 양념장

□ 멸치육수 1컵 반(300ml)

□ 고춧가루 4큰술

□ 조청 2큰술

□ 다진 마늘 2큰술

□ 맛술 3큰술

□ 생강술 3큰술

□ 저염간장 5큰술

□ 백령도 까나리액젓 2큰술

□ 양파 1/2개

HOW TO MAKE

병어 2마리는 지느러미와 내장을 제거한 후 깨끗하게 씻어 물기를 제거합니다.

볼에 멸치육수 1컵 반, 고춧가루 4큰술, 조청 2큰술, 다진 마늘 2큰술, 맛술 3큰술, 생강술 3큰술, 저염간장 5큰술, 백령도 까나리액젓 2큰술, 양파 1/2개를 갈아서 넣고 고루 섞어 A의 병어조림 양념장을 만듭니다.

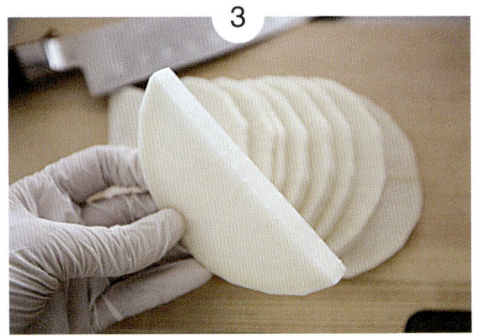

병어조림에 들어갈 무는 너무 두껍지 않게, 그렇다고 너무 얇지도 않게 1cm 두께 반달 모양으로 썰어 줍니다.

✚ 여름 무는 매운맛이 강해 졸이는 동안 무에 양념이 쏙 배야 겨울 무처럼 맛있게 됩니다. 이때 무를 너무 두껍게 썰면 매운맛이 잘 빠지지 않아 아리고 이상한 맛이 날 수 있어요.

대파 1뿌리는 손가락 길이로 길쭉하고 굵게 채 썰어 줍니다.

감자 1개도 무와 같은 두께로 썰어 줍니다. 감자가 없으면 생략해도 됩니다.

뚜껑이 있는 궁중팬에 식용유 2큰술을 두르고 바닥에 무를 차곡차곡 깔아 줍니다.

무 위에 손질한 병어와 감자를 올리고 A의 병어조림 양념장을 모두 부어 센불에서 끓이기 시작합니다.

8

양념장이 바글바글 끓어오르면 채 썬 파를 올립니다.

9

중불과 약불 사이로 불을 줄이고 뚜껑을 닫은 후 알람을 30분에 맞춰 뭉근히 끓입니다.

10

30분 후 뚜껑을 열고 간을 봅니다. 생선조림 국물이 맑아 보이지만 5~10분 지나면 병어에서 콜라겐이 응축되면서 국물이 걸쭉해집니다. 이때 불을 끕니다.

허
니
레
몬
닭
다
리
스
테
이
크

Recipe 04

가을철 나온 햇생강의 알싸한 맛과 상큼한 레몬이

이 요리의 맛을 한껏 끌어올려 줍니다.

조림장이 너무 맛나서 입에 착착 감겨요.

닭고기 살을 조금 찢어서 마구 밥을 비벼 먹고 싶어질 거예요.

아이들도 좋아하고 어른들 입맛에도 딱 맞습니다.

레몬과 생강의 조합은 정말 신의 한 수예요.

2~3인분

□ 뼈를 제거한 닭다리 1팩(500g)

□ 생강술 1큰술

□ 고운 소금 약하게 2꼬집

□ 후추 약간

□ 옥수수전분 1큰술(없다면 감자전분 1큰술 추가)

□ 감자전분 1큰술

□ 오일 5~6큰술

A의 허니레몬조림장

□ 멸치육수 1/2컵(100ml)

□ 저염간장 5큰술

□ 조선간장 1큰술

□ 꿀 1큰술

□ 조청 1큰술

□ 맛술 3큰술

□ 생강술 3큰술

□ 레몬 1/3개(얄팍하게 3~4조각)

□ 생강 50~60g(마늘 3~4톨 크기)

□ 통마늘 3~4톨

HOW TO MAKE

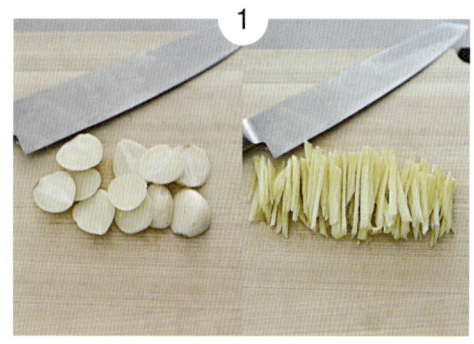

통마늘 3~4톨을 살짝 도톰하게 편으로 썰고 생강 50~60g도 가늘게 채 썰어 준비합니다.

✚ 이 요리의 주인공은 가을 햇생강과 레몬입니다. 가을에 나온 햇생강은 수분이 많고 쓴맛이 없으며 향긋합니다. 레몬을 두껍게 썰거나 너무 많이 넣으면 폭삭 망합니다.

볼에 생강과 마늘, 얇게 저민 레몬 3~4조각, 멸치육수 1/2컵(100ml), 저염간장 5큰술, 조선간장 1큰술, 꿀 1큰술, 조청 1큰술, 맛술 3큰술, 생강술 3큰술을 넣고 섞어 A의 허니레몬조림장을 만듭니다.

닭다리 정육 1팩(500g)에는 대략 닭다리가 4개 정도 들어 있습니다. 생강술 1큰술, 후추 약간, 고운 소금 약하게 2꼬집을 넣고 조물조물 치대어 1분 정도 그 대로 두어 잡내를 없애 줍니다.

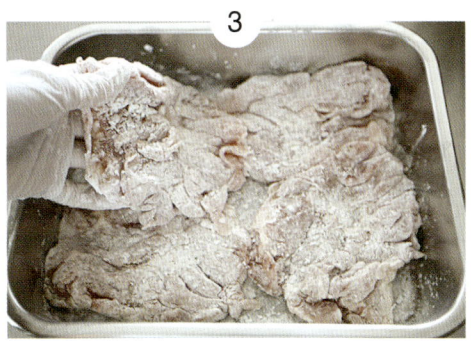

2번의 닭다리에 옥수수전분 1큰술과 감자전분 1큰 술을 넣고 조물조물 앞뒤로 가볍게 묻힙니다.

✚ 옥수수전분이 없으면 감자전분 1큰술을 더 넣으세요. 바삭한 맛은 덜할지도 모릅니다.

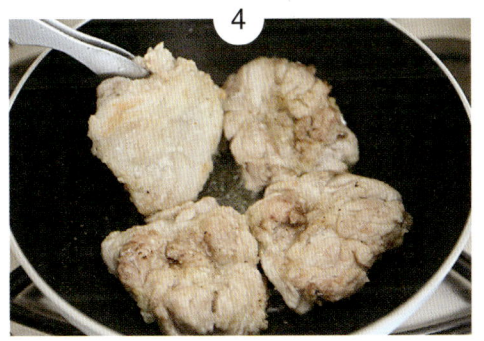

예열한 팬에 오일 5~6큰술을 넉넉히 넣고 3번 닭다 리를 넣어 중불에서 앞뒤로 2분씩 뒤집어 가며 겉면 을 노릇노릇, 바삭바삭하게 구워 줍니다.

닭다리 겉면이 바삭하게 익었으면 A의 허니레몬조 림장을 모두 붓고 센불에서 소스가 바글바글 끓어오 를 때까지 끓입니다.

끓어오르면 뚜껑을 닫고 약불로 줄여 5분간 더 조려 줍니다.

뚜껑을 열어 보면 조림장이 바특하게 졸아 있을 거 예요. 그러면 불을 끄면 됩니다. 여전히 조림장이 묽으 면 뚜껑을 연 채 중불에서 1~2분간 더 조려 줍니다.

흔히 돼지고기로 만들어 먹는데

닭고기로 색다르게 도전해 보세요.

저는 지난주에만 세 번을 만들어 먹었어요.

아이들도 너무 좋아해 강력 추천합니다.

재료도 간단하고 채 썰어 볶기만 하면 끝납니다.

소스가 맛있어서 그냥 소스에 밥 비벼 먹어도 굿입니다.

기분 좋게 단백질을 섭취할 수 있는

건강한 특별식이랍니다.

밥반찬으로도 좋고 손님상에 내도 손색없어요.

허니레몬 고추잡채

□ 닭 가슴살 1덩이

□ 피망 1개~1개 반

□ 양파 1개(중간 크기)

□ 레몬 약간

□ 오일 4큰술

□ 소금 약하게 2꼬집

A의 고추잡채소스

□ 저염간장 4큰술

□ 백령도 까나리액젓 1큰술

□ 다진 마늘 1작은술

□ 맛술 2큰술

□ 생강술 2큰술

□ 조청 1큰술

□ 꿀 1큰술

□ 얇게 저민 레몬 3조각

1차 닭 가슴살 밑간

□ 생강술 1큰술

□ 후추 약간

□ 고운 소금 약하게 1꼬집

2차 닭 가슴살 밑간

□ 감자전분 1큰술 반

HOW TO MAKE

볼에 저염간장 4큰술, 백령도 까나리액젓 1큰술, 다진 마늘 1작은술, 맛술 2큰술, 생강술 2큰술, 조청 1큰술, 꿀 1큰술, 얇게 저민 레몬 3조각을 넣고 섞어 A의 고추잡채소스를 만듭니다. 레몬을 너무 두껍게 많이 넣으면 안 됩니다.

중간 크기의 양파 1개는 가늘게 채 썰고, 피망 1개나 1개 반은 속의 하얀 막과 씨를 제거한 후 채칼로 쓱 쓱 밀어 준비합니다.

✚ 피망을 써는 대신 채칼로 밀었더니 강한 향이 많이 가라앉아서 피망을 싫어하는 아이도 잘 먹어요. 단, 양파는 채칼로 썰면 안 됩니다. 볶을 때 곤죽이 될 수 있거든요.

3

어느 집에서나 냉동실 한 구석에 있는 닭 가슴살입니다. 닭 가슴살 1덩이를 50~60% 해동되었을 때 반으로 잘라 줍니다.

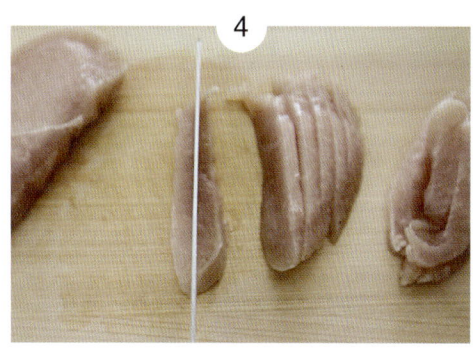

4

반으로 나누고 다시 또 나누어서 잡채용 고기처럼 길쭉길쭉하게 채 썰어 줍니다. 아마도 닭 가슴살이 50% 정도 해동되었을 때가 채 썰기에 가장 적당해요.

5

볼에 4번의 고기를 담고 고운 소금 1꼬집, 생강술 1큰술, 후추 약간을 넣어 조물조물 채대어 1차 밑간을 합니다.

6

1차 밑간을 한 후 감자전분 1큰술 반을 넣어 다시 조물조물 버무려 줍니다.

7

예열한 팬에 오일 2큰술과 양파를 먼저 넣고 센불에서 1분 정도 볶아 줍니다. 1분 정도 볶으면 양파가 나른해지면서 달달한 냄새가 올라옵니다.

8

볶은 양파에 채 썬 피망을 넣고 소금을 약하게 2꼬집 넣어 센불에서 30초 징도 볶아 줍니다. 30초 정도 볶으면 나른한 상태가 됩니다. 불을 끄고 볼에 따로 담아 둡니다.

9

피망을 볶았던 팬을 키친타월로 가볍게 닦아낸 후 오일 2큰술과 6번의 닭 가슴살을 넣고 젓가락으로 가닥가닥 살살 풀어 주면서 익혀 줍니다. 대략 중불에서 1~2분 정도 익히면 됩니다.

10

9번의 닭 가슴살이 하얀색을 띠면서 90% 정도 익었을 때 1번의 A의 고추잡채소스를 넣고 센불에서 1~2분간 바글바글 조려 줍니다.

11

고추잡채소스가 바특하게 졸여졌습니다.

12

8번의 볶은 피망과 양파를 다시 넣고 센불에서 딱 30~40초만 볶은 후 바로 불을 끕니다.

✚ 저는 마지막에 후추를 갈아서 넣어 줬어요.

13

간을 한번 보세요. 은은하게 레몬 향이 나고 닭고기는 하나도 퍽퍽하지 않습니다. 닭 가슴살이 맞나 싶을 정도로 부드러워요.

당근정말시러의 맛 보장 반찬 특강

Recipe 06

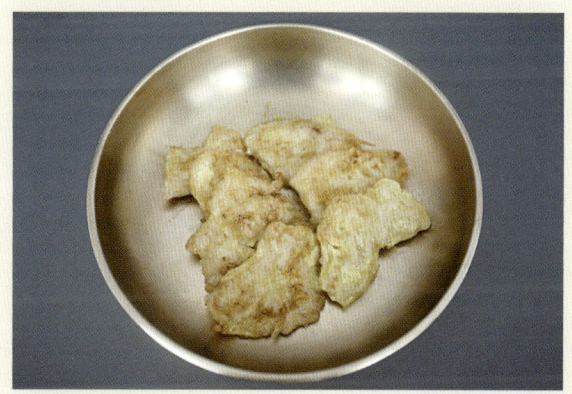

아이들을 위한 고급한 영양 반찬입니다.

얇게 편 닭 가슴살에 칩쌀가루를 적당히 묻혀 양념장에 재었다가

부치면 끝이지요. 닭 가슴살을 얇게 펼수록 맛이 좋습니다.

아무리 잘난 명인이 부친 전이라도 해도 방금 부쳐낸

전 맛을 따라가기 힘듭니다. 부쳐서 뜨거울 때 호호 불어 가며 먹으세요.

닭고기육전은 금세 익어 30~40초 후에 뒤집어 주면 됩니다.

어떤 맛을 상상하든 그 이상입니다. 특히 아이들이

잘 먹어서 어린아이들 반찬으로 강력 추천합니다!

INGREDIENT

□ 닭 가슴살 400g(4덩어리 정도)

□ 달걀 1개

□ 찹쌀가루 적당히

□ 오일 넉넉히(3큰술 이상)

□ 종이 포일

A의 닭고기 양념장

□ 저염간장 3큰술

□ 백령도 까나리액젓 2큰술

□ 맛술 1큰술

□ 생강술 1큰술

□ 조청 2큰술

HOW TO MAKE

볼에 저염간장 3큰술, 백령도 까나리액젓 2큰술, 맛술 1큰술, 생강술 1큰술, 조청 2큰술을 넣고 고루 섞어 A의 닭고기 양념장을 미리 만듭니다.

닭 가슴살을 사진처럼 1덩어리에 4~5조각이 나오게 큼직하게 썰어 줍니다.

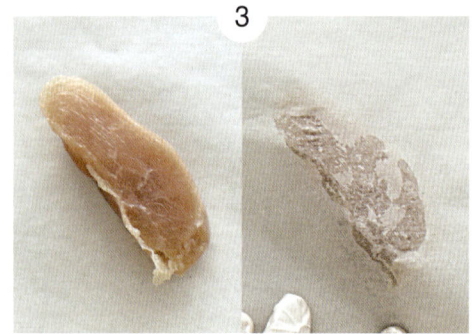

종이 포일을 한 장 깔고 닭 가슴살 1조각을 올린 다음 종이 포일로 덮어 줍니다. 이때 처음엔 종이 포일의 반질반질한 면이 위쪽이 되게 깔고 닭고기를 덮을 때는 반질반질한 면이 아래쪽이 되게 합니다.

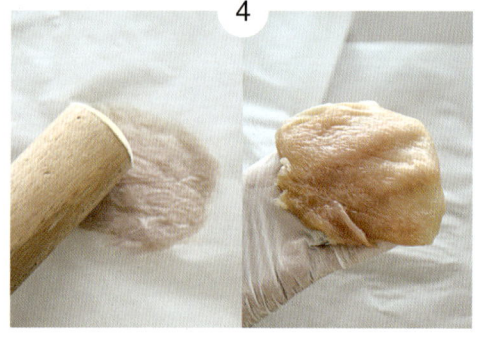

고기 망치나 방망이로 3번의 닭고기를 살살 두들겨서 부드럽게 합니다. 두 번째 사진처럼 쫙 퍼지게 합니다.

✚ 제가 닭고기육전을 먹어 봤을 때 최대한 얇게 펴야 입안에서 살살 녹아요.

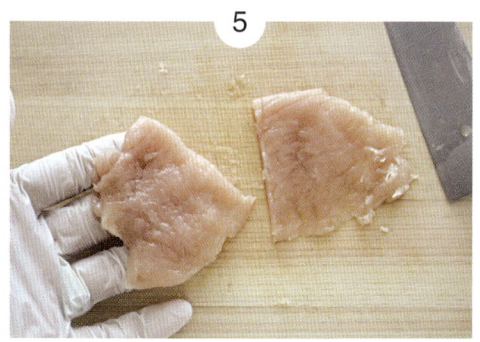

5

닭고기 조각 크기가 제각각일 텐데 그중에 많이 크다 싶으면 한 번이나 두 번 정도 잘라서 준비합니다.

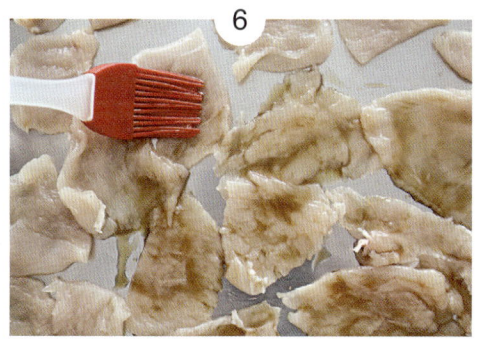

6

5번의 닭고기에 1번의 A의 닭고기 양념장을 앞뒤로 살살 발라 간이 배게 재워 둡니다.

✚ 저녁에 먹는다면 오전에 양념에 잽니다. 저는 오전에 양념에 재우고 저녁 반찬으로 종종 냅니다. 식구들이 밥 먹기 2~3분 전에 팬에 부쳐 상에 내지요. 남은 고기는 2~3일 정도 김치냉장고에 보관한 후 그때그때 부쳐 먹으면 됩니다.

7

8

6번의 양념이 밴 닭고기에 칩쌀가루를 얇게 입히고 달걀 1개를 곱게 풀어 달걀물에 담가 놓습니다.

밥 먹기 직전에 약불에서 예열한 팬에 오일을 넉넉히(3큰술 이상) 두르고 7번의 고기를 약한 중불에서 앞뒤로 노릇노릇하게 부쳐 냅니다.

쫄깃한 식감 때문에 밥반찬으로 인기가 좋은

코다리지만 괜스레 만들기가 복잡할까 봐

감히 엄두를 못 내는 분들이 많아요.

두 가지 포인트만 잘 기억하면

만들기가 그리 까다롭지 않아요.

첫째, 냉동 코다리 잘 해동하기,

둘째, 양념장을 1차와 2차로 나눠 각각 만들어서 넣기예요.

담백한 생선살에 양념장이 쏙 배어

제대로 식욕을 충족시켜 줍니다.

매콤코다리조림

INGREDIENT

□ 절단 냉동 코다리 1kg(대가리 제외)

□ 무 350~400g

□ 대파 1뿌리

□ 식용유 3~4큰술

1차 코다리조림 양념장

□ 멸치육수 100ml

□ 저염간장 100ml

□ 맛술 50ml

□ 생강술(또는 청주) 50ml

□ 고추장 50ml

□ 고춧가루 50ml

□ 백령도 까나리액젓 2큰술

□ 조청 50ml

□ 꿀 2큰술

2차 코다리조림 양념장

□ 고춧가루 5큰술

□ 참기름 6큰술

□ 다진 마늘 2큰술

HOW TO MAKE

절단 냉동 코다리 1kg입니다. 대가리는 빼고 살만 있습니다.

✚ 냉동 코다리는 냉장실에서 반나절 정도 두면 자연 해동됩니다. 실온에서 해동하면 안 됩니다. 살점이 다 풀어져요.

반나절 정도 냉장실에서 해동한 코다리는 큰 대야에 담아 코다리가 잠길 정도로 팔팔 끓는 물을 부어 2분 정도 그대로 둡니다.

✚ 끓는 물을 붓자마자 완전 심한 생선 비린내와 잡내가 훅하고 올라와요. 끓는 물에 담그면 놀랄 정도로 비린내와 잡내가 제거됩니다.

2분 후 코다리를 건져 찬물에 2~3번 꼼꼼하게 헹굽니다. 완전히 차가운 얼음물이나 그냥 찬물에 다시 2~3분 담가 두면 살점에 탄력이 붙습니다. 2~3분 후 건져 채반에 올려 물기를 제거해 줍니다.

볼에 멸치육수 100ml, 저염간장 100ml, 맛술 50ml, 생강술(또는 청주) 50ml, 고추장 50ml, 고춧가루 50ml, 백령도 까나리액젓 2큰술, 조청 50ml, 꿀 2큰술을 넣고 고루 섞어 1차 코다리조림 양념장을 만듭니다.

✚ 이 과정에서 귀찮다고 1차와 2차의 양념장을 한꺼번에 배합하면 코다리 속까지 간이 배지 않고 겉에만 짠맛이 돕니다. 1차와 2차의 양념장을 분리해서 만듭니다.

또 다른 볼에 고춧가루 5큰술, 참기름 6큰술을 넣고 섞은 후 다진 마늘 2큰술을 넣고 마저 섞어 2차 코다리조림 양념장을 만듭니다.

✚ 여기서 중요한 건 고춧가루, 참기름을 먼저 풀어 준 후 다진 마늘을 넣고 섞어야 합니다.

대파 1뿌리는 길쭉하게 썰어 준비합니다.

무는 1~2cm 두께로 나박썰기 합니다. 무가 너무 두꺼우면 안 됩니다.

커다란 궁중팬을 예열한 후 식용유 3~4큰술을 두르고 코다리, 무, 대파, 1차 코다리조림 양념장을 넣어 센불에서 끓입니다.

양념장이 바글바글 끓기 시작하면 중간 크기 화구로 궁중팬을 옮겨 중불과 약불 사이에서 계속 끓입니다.

당근정말시러의 맛 보장 반찬 특강

숟가락 하나를 사진처럼 꽂아 뚜껑을 비스듬하게 닫아 줍니다. 줄이는 동안 공기가 들어오고 나가야 코다리 살이 부서지지 않습니다. 이때 뚜껑을 꽉 닫고 조리면 코다리 살이 부서져요. 이 상태로 10분 정도 조립니다.

10분 후 뚜껑을 열고 2차 코다리조림 양념장을 넣고 잘 어우러지게 숟가락으로 살살 풀어 줍니다.

이때부터는 뚜껑을 열고 중불과 약불 사이에서 10분 정도 더 조립니다.

10분 후 양념장이 자박자박 조려지면 미련 없이 바로 불을 끕니다. 시간이 지나도 코다리가 촉촉하고 어제 먹어도 새로 만든 것 같은 맛이 납니다. 냉장고에 넣어 차갑게 머어도 맛있어요.

감자와 아보카도의 조합이 다소 생소하겠지만

무척 잘 어울려요. 부드러운 감자와 아보카도를 섞어

참깨소스에 버무리면 완성입니다.

간단한 반찬용 샐러드이기도 하고

샌드위치 속에 넣어도 되고, 간식으로 먹어도 든든하죠.

그때그때 먹을 만큼만 만드세요.

냉장고에 들어가는 순간 다음 날엔

아보카도가 산화하여 색도 변하고 맛도 달라지거든요.

감자아보카도참깨샐러드

INGREDIENT

□ 감자 2개(중간 크기, 1개당 150~160g)

□ 물 50ml

□ 아보카도 1개

□ 후추 약간

A의 참깨소스

□ 볶음참깨 듬뿍 3큰술

□ 우유 2~3큰술

□ 마요네즈 듬뿍 3큰술

□ 저염간장 2큰술

□ 백령도 까나리액젓 1작은술

HOW TO MAKE

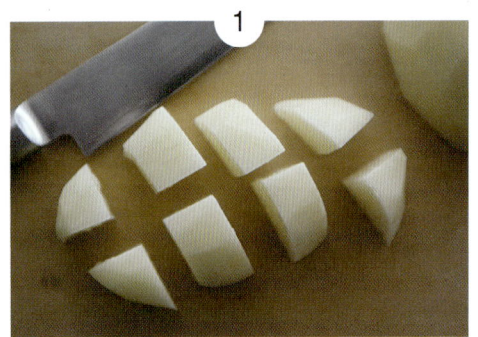

중간 크기 감자 2개는 깍둑썰기 합니다.

넓고 큼직한 내열 볼에 주방용 비닐팩 중간 크기를 넣고 깍둑 썬 감자와 물 50ml를 부어 줍니다. 비닐팩은 대충 살포시 접어 줍니다.

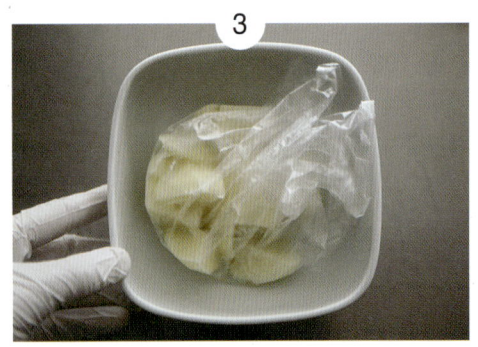

전자레인지에 넣어 4분 돌린 후 다시 4분을 더 돌려 줍니다. 총 8분입니다.

전자레인지에서 감자가 익는 동안 참깨소스를 만듭니다. 절구에 볶음참깨 듬뿍 3큰술을 갈아 줍니다. 이때 고소한 냄새가 확 올라옵니다. 고소한 냄새가 나지 않으면 안 볶은 참깨이니 꼭 볶음참깨를 사용해 주세요.

4번의 절구에 담긴 참깨에 우유 2~3큰술, 마요네즈 듬뿍 3큰술, 저염간장 2큰술, 백령도 까나리액젓 1작은술을 넣고 다시 갈아 줍니다. 이때 간을 봐서 단맛이 약하다면 설탕 1작은술을 추가하면 됩니다.

아보카도는 껍질이 짙은 초록색을 띠면 잘 익은 상태입니다. 잘 익은 아보카도 1개는 반으로 칼집을 낸 후 360도 비틀어 나눈 후 커다란 씨를 빼내고 속살을 감자 크기로 썰어 줍니다.

볼에 한 김 식힌 감자 2개와 아보카도를 넣고 후추를 약간 뿌립니다.

5번의 참깨소스를 넣고 살살 버무려서 바로 먹으면 됩니다.

짜거나 자극적인 양념 맛이 아니어서 더욱 입맛을 돋워요.

저는 샐러드 누들을 무척 좋아하는데,

일반 소면은 바로 먹지 않으면 퉁퉁 붇고

양념장을 흡수해서 다 먹을 때까지

맛을 유지하기가 힘들어요.

샐러드 누들은 시간이 지나도 잘 붇지 않고

양념장을 흡수하지 않아서 좋아요.

꼭 비빔냉면이나 쫄면을 먹는 기분이에요.

반찬으로도 좋고, 금요일 밤 술 한잔 생각날 때도

제격인 술안주입니다.

샐러드누들골뱅이무침

☐ 골뱅이통조림 1캔(230g)

☐ 샐러드 누들 40g

☐ 대파 1~2뿌리(흰 부분만)

☐ 참나물(또는 영양부추) 8~10줄기

☐ 알배추 2장

☐ 참기름 2큰술

A의 골뱅이 양념장

☐ 고춧가루 2큰술

☐ 참기름 2큰술

☐ 저염간장 3큰술

☐ 백령도 까나리액젓 1큰술 반

☐ 조청 1큰술

☐ 다진 마늘 1작은술

☐ 연겨자 듬뿍 1작은술

☐ 양조식초 2큰술

✚ 양념장은 하루 전이나 오전에 미리 만들어 냉장고에서 숙성시킵니다.

HOW TO MAKE

〔 전날 골뱅이 양념장 만들기 〕

볼에 고춧가루 2큰술, 참기름 2큰술을 먼저 넣고 고루 섞어 줍니다.

1번을 고루 섞은 후 바로 저염간장 3큰술, 백령도 까나리액젓 1큰술 반, 조청 1큰술, 다진 마늘 1작은술, 연겨자 듬뿍 1작은술, 양조식초 2큰술을 넣고 섞어 줍니다. 연겨자가 잘 풀어지지 않으므로 여러 번 저어 주어야 합니다.

3

고루 섞어서 A의 골뱅이 양념장을 완성합니다. 적어도 오전 중에 만들어 오후에 사용하는 것이 좋습니다. 저는 하루 전에 미리 만들어 냉장 숙성했다가 사용해요. 연겨자가 들어가므로 반드시 숙성이 필요합니다. 2~3일이 지나도 괜찮습니다.

〔다음날〕

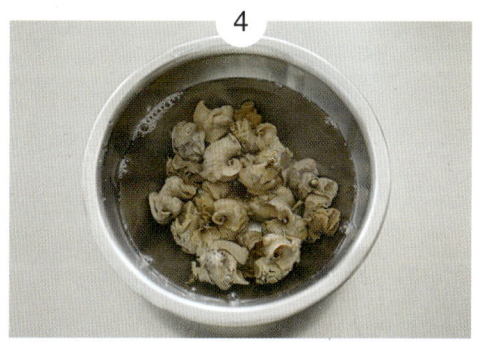

4

골뱅이통조림 1캔을 준비해 골뱅이를 가볍게 한 번 헹군 후 찬물에 5분간 담가 둡니다. 찬물에 담가 첨가물을 뺀 다음 헹구어 체에 밭쳐 물기를 빼 줍니다.

5

4번의 손질한 골뱅이를 칼로 반으로 잘라 줍니다.

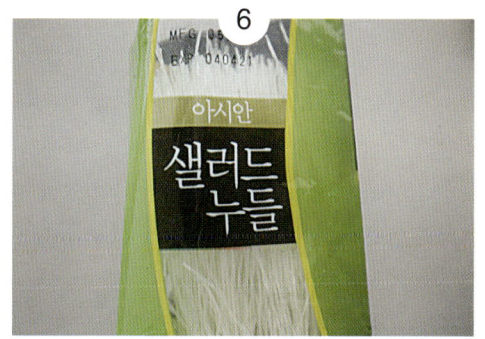

6

샐러드 누들 40g은 끓는 물에 2~3분 삶아 찬물에 헹군 후 체에 밭쳐 물기를 빼 줍니다.

✛ 샐러드 누들은 대형마트에서 판매하는데, 동네에서 구하기 힘들면 수입식품 전문 쇼핑몰에서 구입하면 됩니다.

7

삶은 샐러드 누들은 먹기 좋게 주방가위로 5~6번 정도 싹둑싹둑 잘라 줍니다.

✚ 양념에 버무리기 전에 샐러드 누들을 잘라 주지 않으면 서로 뭉쳐서 먹기 힘들어요.

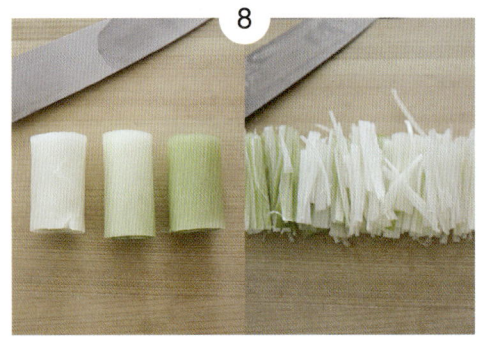

8

손가락 절반 길이의 대파 6개(사진의 2배 양)를 가늘게 채 썰어 줍니다.

9

참나물 8~10줄기는 손가락 절반 크기로 듬성듬성 잘라 주고 알배추 2장도 가늘게 채 썰어 줍니다.

10

볼에 준비한 모든 재료를 담은 후 냉장 숙성 중인 A의 골뱅이 양념장을 꺼내 모두 넣고 마지막으로 참기름 2큰술을 추가해 쓱쓱 버무려 줍니다.

Recipe 10

차돌박이는 소의 앞가슴 갈비뼈 아래쪽 부위를 말해요.

얇게 썰어서 구워 먹거나 주로 된장찌개에 넣어 먹는데

칼칼한 호박찌개에 넣어도 국물 맛이 그만이에요.

양파와 둥근애호박을 깔고 양념장을 올려 끓이기만 하면

순식간에 맛있는 찌개가 완성되지요.

2~3인분

□ 둥근애호박 1개(중간 크기)
□ 양파 1/2개(중간 크기)
□ 냉동 차돌박이 50~60g
□ 대파 조금
□ 멸치육수 100ml

A의 찌개 양념장

□ 저염간장 3큰술
□ 백령도 까나리액젓 1큰술
□ 멸치육수 100ml
□ 차돌박이 50~60g
□ 고춧가루 3큰술
□ 다진 마늘 1큰술
□ 생강술 2큰술
□ 맛술 2큰술

HOW TO MAKE

볼에 저염간장 3큰술, 백령도 까나리액젓 1큰술, 멸치육수 100ml, 차돌박이 50~60g, 고춧가루 3큰술, 다진 마늘 1큰술, 생강술 2큰술, 맛술 2큰술을 넣고 배합해 A의 찌개 양념장을 만듭니다.

✚ 냉동 차돌박이는 해동하지 않고 냉동된 상태 그대로 썰어 줍니다. 가늘게 채 썰어 차돌양념장에 넣어 주세요.

둥근애호박 1개는 반으로 자른 후 1cm 두께로 도톰하게 썰어 줍니다.

3

양파 1/2개는 가늘게 채 썬 후 뚝배기나 전골냄비 바닥에 깔아 줍니다.

4

양파 위에 2번의 둥근애호박을 절반 정도 올린 후 1번의 찌개 양념장을 절반 정도 골고루 올려 줍니다. 다시 나머지 호박을 올린 후 불 위에 냄비를 올립니다.

5

남겨둔 나머지 찌개 양념장을 호박 위에 고루 올린 후 마지막으로 멸치육수 100ml를 부어 일단 센불에서 끓이기 시작합니다.

6

양념이 바글바글 끓기 시작하면 뚜껑을 닫아 줍니다.

7

중간 크기의 화구에서 약불과 중불 사이로 불을 조절해 15분간 끓입니다. 알람을 설정해 두면 편리해요.

8

15분 후 간을 보면 너무 짜지도 않고 딱 떨어질 거예요. 마지막으로 대파를 조금 올려 마무리합니다.

해가 갈수록 무더워지는 여름철,

불 앞에서 국 끓이기 너무 힘들죠?

그럴 때 오이냉국이 제격이죠.

냉국 육수를 미리 만들어 냉장고에 차게 두었다가

사용하면 맛있는 오이냉국을 순식간에 만들 수 있어요.

차게 먹겠다고 얼음 동동 띄우면 밍밍하니 맛이 없어져요.

시원하게 만든 냉국 육수에 얼음이 아니라

깨를 동동 띄워 맛나게 드세요.

오이냉국

□ 백오이 1개

□ 마른미역 10~15g

□ 양파 1/2개

1차 냉국 육수

□ 뜨거운 물 3컵(600ml)

□ 다시마 3~4장(5×6cm 크기)

□ 양조식초 50ml

□ 설탕 2큰술

□ 고운 소금 1/2작은술

2차 오이+미역 밑간

□ 고운 소금 1/2작은술

□ 백령도 까나리액젓 2큰술

□ 양조식초 50ml

□ 다진 마늘 1작은술

HOW TO MAKE

〔 하루 전 시원한 냉국 육수 만들기 〕

다시마 5×6cm 크기 3~4장은 감칠맛이 잘 우러나 도록 가늘게 잘라 줍니다.

볼에 다시마를 넣고 뜨거운 물(정수기 온수나 커피 포트 뜨거운 물) 3컵을 부은 후 접시를 올려 1시간 정도 그대로 둡니다.

✚ 흔히 다시마를 넣고 끓여서 우리는데 이렇게 하면 텁텁하고 쓴맛 이 많이 나요. 잡맛 없이 깔끔한 감칠맛을 즐기고 싶다면 끓이지 않고 따뜻한 물에 넣어 그대로 두면 됩니다.

3

1시간이 지나면 양조식초 50ml, 설탕 2큰술, 고운 소금 1/2작은술을 넣어 고루 저어 줍니다.

4

3번의 볼에 랩을 씌운 후 김치냉장고에 넣어 시원하게 합니다.

✚ 오이냉국을 시원하게 먹으려고 얼음을 넣기도 하는데, 얼음 한 조각이 생각보다 물의 양이 꽤 됩니다. 얼음이 녹으면서 간이 싱거워져 맛이 확 떨어져요. 차갑게 먹고 싶다면 냉국 육수를 얼음 틀에 넣어 얼리는 것이 좋아요. 저는 얼리는 과정이 귀찮아서 미리 냉국 육수를 만들어 김치냉장고에서 차갑게 한답니다.

〔다음 날 오이냉국 만들기〕

5

마른미역 10g 정도를 부드러워질 정도로만 흐르는 물에 헹굽니다. 가위로 잘게 잘라서 끓는 물에 딱 30초만 데친 후 찬물에 헹구어 줍니다.

✚ 마른미역을 절대 물에 담가 불리지 마세요. 불렸다가 데치면 꼬들꼬들한 식감은 사라지고 흐물흐물해집니다. 오늘 오이냉국의 주인공은 오이인 만큼 미역은 소량만 넣어 조연 역할을 하게 합니다.

백오이 1개는 껍질째 깨끗하게 씻어 어슷하게 썬 후 채 썰어 줍니다. 돌려 깎은 후 채 써는 방법도 있지만, 식감에서 차이가 나요.

양파 1/2개도 가늘게 채 썰어 줍니다.

볼에 데친 미역, 오이, 양파를 담고 고운 소금 1/2작은술, 백령도 까나리액젓 2큰술, 양조식초 50ml, 다진 마늘 1작은술을 넣어 조물조물 버무려 10분간 재웁니다.

김치냉장고에 보관했던 냉국 육수를 꺼내 8번에 부으면 맛있는 오이냉국 완성입니다. 간을 보고 싱거우면 소금을 살짝 추가하세요.

소고기두부찜

Recipe 12

'가심비'라는 말이 있죠.

가격 대비 마음의 만족이 크다는 뜻이라는데

소고기두부찜이 그래요. 저렴한 재료로 만드는데

맛과 모양은 부진장 고급스러워요.

아이들과 건강식 좋아하는 어른들 모두의 입맛을 만족시키지요.

□ 부침용 두부 300g

□ 콩나물 100g(콩나물 대가리 뗀 상태)

□ 팽이버섯 1/2봉지

□ 대파 1/2뿌리

□ 양파 1/4개

□ 오일 2큰술

□ 멸치육수 300ml

□ 참기름 1큰술

□ 후추 약간

A의 두부찜 양념

□ 소고기 다짐육 100g

□ 저염간장 3큰술

□ 백령도 까나리액젓 2큰술

□ 맛술 2큰술

□ 생강술 2큰술

□ 다진 마늘 1큰술

□ 조청 1큰술

□ 후추 약간

B의 전분물

□ 찬물 8큰술

□ 감자전분 듬뿍 4큰술

HOW TO MAKE

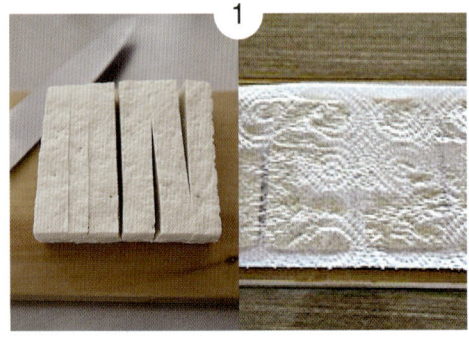

단단한 부침용 두부를 도톰하게 5~6등분으로 썬 다음 키친타월로 닦아 물기를 제거합니다. 키친타월로 2~3회 닦아 두부의 수분기를 꼭 제거해 줍니다.

볼에 찬물 8큰술, 감자전분 듬뿍 4큰술을 배합하여 B의 전분물을 만들어 냉장고에 넣어 둡니다. 따로 저어 줄 필요는 없습니다.

✚ 반드시 냉수를 사용하세요. 차가운 전분물을 요리에 넣어야 걸쭉한 농도가 오래갑니다.

3

볼에 소고기 다짐육 100g, 저염간장 3큰술, 백령도 까나리액젓 2큰술, 맛술 2큰술, 생강술 2큰술, 다진 마늘 1큰술, 조청 1큰술, 후추 약간을 넣고 미리 배합해 A의 두부찜 양념을 만듭니다.

4

콩나물은 대가리를 뗀 상태로 100g 정도를 물에 흔들어 씻은 후 채반에 담아 물기를 뺍니다.

5

팽이버섯 1/2봉지를 준비하고 대파 1/2뿌리는 손가락 크기로 썹니다. 양파 1/4개는 가늘게 채 썰어 둡니다.

6

달군 팬에 오일 2큰술을 두르고 1번의 물기 뺀 두부를 올려 중불에서 앞뒤로 각각 1~2분간 누릇하게 구워 큰 접시에 따로 담습니다.

두부를 구운 팬에 채 썬 양파를 넣고 20~30초간 볶습니다.

볶은 양파에 A의 두부찜 양념을 모두 넣고 소고기가 고슬고슬하게 다 익을 때까지 센불에서 볶아 줍니다.

소고기가 고슬고슬하게 익으면 뜨거운 멸치육수 300ml와 콩나물 100g을 넣고 끓입니다. 멸치육수는 전자레인지에서 1~2분간 데워 뜨거운 상태로 넣어 줍니다.

육수가 바글바글 끓기 시작하면 딱 1분만 더 끓여서 콩나물을 마저 익혀 줍니다.

✚ 그사이 냉장고에 넣어 둔 전분물을 꺼내 옵니다. 전분물이 딱딱하게 굳은 상태인데 숟가락으로 살살 풀어 줍니다.

당근정말시러의 맛 보장 반찬 특강

11

1분이 지나면 중약불로 줄인 후 대파와 팽이버섯을 넣어 줍니다.

12

전분물을 가장자리로 또르르 부어가면서 주걱으로 뒤적여 줍니다.

✚ 이때 전분물을 다 붓지 말고 농도를 봐가며 걸쭉한 상태가 될 때까지 붓습니다.

13

마지막으로 간을 보고 싱거우면 까나리액젓 1작은술을 추가한 후 불을 끕니다. 6번 과정에서 미리 구워 접시에 담아 두었던 두부 위에 소스를 실포시 부어 줍니다. 마지막으로 참기름 1큰술과 후추를 톡톡 뿌립니다.

Special page 01

볶음김치와 김치볶음밥

오늘은 햄도, 베이컨도, 돼지고기도 들어가지 않은 오로지 김장김치만으로 맛을 낸 오리지널 김치볶음밥을 만들었어요. 냉장고에 찬거리 없을 때, 마땅한 메뉴가 떠오르지 않을 때 김치볶음밥은 참 만만한 메뉴예요. 저는 질척거리는 김치볶음밥을 싫어해요. 고슬고슬 볶아서 먹는 김치볶음밥과 밑에 눌어붙은 누룽지는 환상의 꿀맛이에요.

INGREDIENT

1~2인분

□ 김장김치 1/8포기(1/4포기에서 반 나눈 것)

□ 햇반 큰 것 1개~1개 반(김치 염도에 따라 조절)

□ 달걀 1~2개

□ 송송 썬 대파 1줌

□ 멸치육수 1/2컵(100ml)

□ 참기름 1큰술

□ 오일 2큰술

볶음김치 양념

□ 저염간장 2큰술

□ 백령도 까나리액젓 1작은술

□ 다진 마늘 1작은술

□ 맛술 2큰술

□ 고춧가루 1작은술

HOW TO MAKE

〔 볶음김치 만들기 〕

김장김치를 꺼냅니다(위 사진은 1/4포기입니다). 김장김치는 담근 지 2~3개월이 지나면 아무리 잘 담갔다고 해도 숙성이 진행되면서 곰삭은 냄새가 나기 시작합니다. 묵은내를 없애야 김칫국이든 김치볶음이든 맛있게 됩니다.

1번의 김장김치를 맑은 물에 한두 번 후루루 가볍게 흔들어 김치 속을 헹군 후 물기를 꽉 짜 줍니다. 여기서 김치볶음밥에 필요한 절반만 사용할 거예요.

3

2번의 씻은 김치는 쫑쫑 채 썬다는 느낌으로 잘게 썹니다. 그래야 김치 간이 분산되어 한쪽으로 몰리지 않습니다.

4

볼에 3번의 김치를 담고 저염간장 2큰술, 백령도 까나리액젓 1작은술, 다진 마늘 1작은술, 맛술 2큰술, 고춧가루 1작은술을 넣어 조물조물 버무립니다.

5

예열한 팬에 오일 2큰술과 송송 썬 대파 1줌을 넣고 30초에서 1분간 볶아 파향을 냅니다.

6

4번의 양념한 김치를 넣고 중불과 약불 사이에서 2분 정도 볶아 줍니다.

2분 후 멸치육수 80~100ml를 부어 줍니다. 중불에서 국물이 자작해질 때까지 조리듯 볶습니다. 대략 3~4분 걸립니다.

소스가 자작하게 조려졌으면 불을 꺼 줍니다. 여기까지가 맛있는 볶음김치입니다. 밥반찬으로, 두부와 곁들여서, 잔치국수 고명으로 두루 사용할 수 있어요.

〔 김치볶음밥 만들기 〕

햇반은 김치볶음 만들기 전에 미리 전자레인지에 돌려 줍니다. 전자레인지에서 1분만 돌리면 사진처럼 설익은 상태가 됩니다. 볶음밥용으로 알맞은 상태예요. 1분 이상 돌리면 밥에 찰기가 생겨 볶음밥용으로 적합하지 않아요.

✚ 중식당에서는 꼬들꼬들한 볶음밥용을 위해 밥알의 찰기를 없애려고 구멍 있는 채반에 밥을 펼쳐 놓는다고 합니다. 밥알이 살아 있는 상태에서 볶아야 재료들과 잘 어우러진다고 해요.

10

소스가 자작하게 조려지면 참기름 1큰술, 햇반 1개를 넣고 중불에서 2분 정도 볶습니다. 1분 정도 지났을 때 간을 한번 봅니다. 살짝 간이 강하게 느껴질 거예요. 만약 많이 짜다면 햇반을 몇 숟가락 더 넣고 볶아 간을 맞춥니다.

11

잘 볶아진 김치볶음밥을 빈대떡처럼 둥글게 모양을 잡은 후 주걱으로 꾹꾹 눌러 줍니다. 뚜껑 닫지 말고 그대로 둡니다.

12

가스레인지의 작은 화구에서 거의 약불로 2~3분간 누면 누룽지가 만들어집니다.

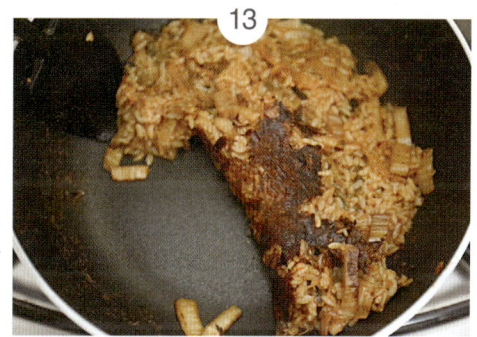

13

누룽지를 싫어한다면 10번 과정에서 불을 끄고 달샬 프라이 하나를 올려서 냅니다.

Special page 02

맛 보장 한끼 식사

수란곰탕

별것 들어가지도 않았는데 먹어 보면 사랑과 정성이 가득 느

껴집니다. 깊고 담백한 국물 맛과 묵직한 느낌이 어디서 나오

나 신기할 정도예요. 딱 5분, 무를 지지고 멸치육수 넣어 5분간

더 끓였을 뿐인데 말입니다. 들기름에 맛나게 지진 무가 진정

대박입니다. 사골 같은 깊은 국물에 반숙 수란까지 올려 더욱

먹음직스러워요. 김치볶음밥에 곁들여 맛있는 식탁을 차려

보세요.

2~3인분

□ 무 1/3토막(20~25cm 무, 200~250g)
□ 대파 1/2뿌리(흰 부분, 생략 가능)
□ 들기름 3큰술

□ 멸치육수 3컵(600ml)
□ 백령도 까나리액젓 1큰술
□ 달걀 2~3개(식구 수대로)

HOW TO MAKE

20~25cm 무의 1/3토막을 살짝 두껍게, 나박나박 썰어 줍니다. 대파 흰 부분으로 1/2뿌리도 무 크기만큼 썰어서 준비합니다.

아직 가스불은 켜지 않은 채 냄비에 들기름 3큰술을 넣어 줍니다.

➕ 가스불을 절대 켜지 마세요!

가스불은 계속 켜지 않은 채 2번의 냄비에 1번의 무와 대파를 넣고 무에 들기름이 고루 배도록 위아래 살살 뒤적여 줍니다.

무에 들기름이 고루 배었다 싶으면 뚜껑을 닫고 가스불을 켭니다. 가스레인지의 작은 화구에서 약불입니다.

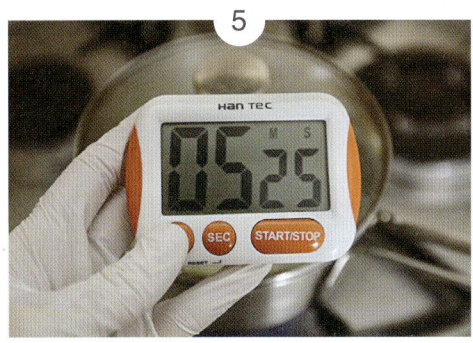

무에 들기름이 스며들도록 5분간 뭉근하게 지져 줍니다. 2분 정도 남았을 때 뚜껑을 열고 위아래 위치를 바꾸어 준 후 다시 뚜껑을 닫고 남은 2분간 마저지집니다. 이때 무가 투명하게 지져져야 나중에 국물이 사골곰탕처럼 나옵니다.

5번 냄비에 멸치육수 3컵(600ml)을 넣고 센불에서 팔팔 끓입니다. 팔팔 끓으면서 하얀 거품이 바글바글 올라오는데, 이때 거품은 걷어 내지 마세요.

팔팔 끓어오르면 아주아주 약불로 줄이고 냄비 뚜껑을 닫은 채 5분간 더 푹 끓여 줍니다.

5분 후 뚜껑을 열어 보세요. 뽀얀 국물이 사골곰탕 같습니다. 하얀 거품은 자연스럽게 사라지고 없습니다. 백령도 까나리액젓 1큰술을 넣고 센불에서 1분만 더 끓이세요. 싱거우면 백령도 까나리액젓 1작은술을 추가하세요.

아침에 시간서 여유가 있거나 엄마의 사랑을 듬뿍 담고 싶다면 국이 팔팔 끓을 때 달걀 1~2개를 살포시 넣어 줍니다. 뚜껑을 닫고 중불과 약불 사이에서 2분, 노른자가 익은 것을 좋아하면 3분간 끓여 수란을 만듭니다.

국그릇에 무와 국물을 중간 정도 남기고 마지막에 반숙으로 익은 수란을 올립니다. 보기만 해도 군침이 돌아요.

Special page 03

쯔유와 히야시츄카

잘 만든 쯔유 하나 있으면 열 소스 부럽지 않아요. 쯔유는 일

본식 만능 간장인데 각종 덮밥류, 소바류 등에 두루 쓰이지

요. 시판하는 쯔유를 사도 되지만 직접 만들면 내 입맛에 맞

는 쯔유를 만들 수 있어요. 집에서 간단하게 만드는 방법을

소개할게요.

INGREDIENT

쯔유

☐ 저염간장 100ml

☐ 물 300ml

☐ 맛술 50ml

☐ 생강술 50ml

☐ 백령도 까나리액젓 3큰술

☐ 조청 2큰술

☐ 다시마 3조각(손가락 한 마디 크기)

☐ 가쓰오부시 30g

☐ 레몬 1개

히야시츄카(2인분)

☐ 우동 사리 2인분

☐ 오이 1개

☐ 달걀 2개

☐ 소금 3꼬집

☐ 샌드위치용 슬라이스햄 4~5장

☐ 방울토마토 6개

✚ 새우, 삶은 닭 가슴살, 데친 오징어 등을 곁들이면 더 맛있게 먹을 수 있어요.

HOW TO MAKE

〔 오전에 쯔유 만들기 〕

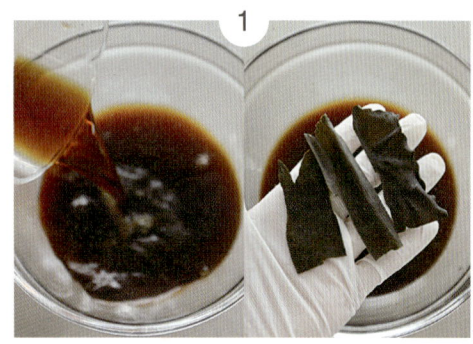

큼직한 내열 볼에 저염간장 100ml, 물 300ml, 맛술 50ml, 생강술 50ml, 백령도 까나리액젓 3큰술, 조청 2큰술, 다시마 3조각을 넣습니다.

마지막으로 가쓰오부시 30g을 1번에 넣어 손으로 푹 눌러 담가 줍니다.

볼에 공기구멍이 생기게 틈을 조금 만들어 랩을 씌웁니다. 전자레인지에 4~5분간 돌려 줍니다.

당근정말시러의 맛 보장 반찬 특강

전자레인지에서 꺼내 감칠맛이 우러나오게 5분간 그대로 둡니다.

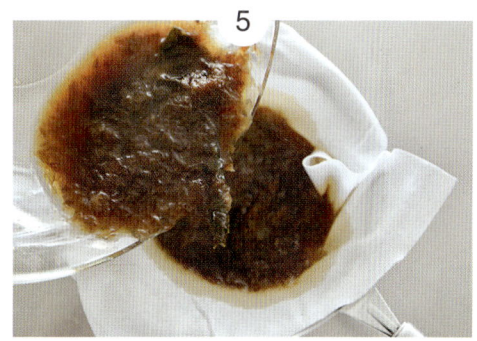

5분 후 면보나 여과지에 거른 후 냉장고에 넣어 둡니다. 쯔유가 차가워지면 히야시츄카(冷やし中華)를 만듭니다. 히야시츄카는 일본식 중화냉면이에요. 냉소면이나 냉우동을 만들어 먹어도 좋습니다.

차가워진 5번의 쯔유에 레몬 1개를 짜 넣으면 더욱 상큼합니다.

우동 사리 2개를 끓는 물에 삶은 후 찬물에 헹굽니다.

오이채(오이 1개), 달걀지단(달걀 2개, 소금 3꼬집), 샌드위치용 햄 4~5장은 가늘게 채 썰어 줍니다.

그릇에 우동 사리를 담고 하얀 면이 안 보이게 달걀지단과 오이, 햄을 빙 둘러 올려 줍니다. 그 위에 쯔유를 부어 줍니다.

INDEX